JN125230

年金制度等の歴史

時　期	項　目
昭和17年 (1942)	**労働者年金保険法施行** (常時10人以上の工業等の事業所に使用される男子労働者を対象)
昭和19年 (1944)	**厚生年金保険法施行** (常時5人以上の事業所に使用される労働者を対象)
昭和29年 (1954)	**厚生年金保険法改正** ・定額部分＋報酬比例部分という給付形態の採用 ・老齢年金の支給開始年齢の引き上げ(55歳→60歳) ・中高齢者の期間短縮特例創設
昭和34年 (1959)	**国民年金法施行** (無拠出制の国民年金制度開始)(11月)
昭和36年 (1961)	**国民皆年金体制の開始** (拠出制の国民年金制度開始)(4月)
昭和41年 (1966)	**厚生年金基金制度実施**(10月)
昭和42年 (1967)	**厚生年金基金連合会設立**(2月)
昭和48年 (1973)	**再評価・物価スライド制導入**
昭和60年 (1985)	**年金制度改正** ・基礎年金制度の導入(S61) ・厚生年金の給付水準引き下げ ・老齢厚生年金の支給開始年齢の引き上げ 　(女子55歳→60歳) ・第3号被保険者制度の創設(S61) ・厚生年金の適用拡大(5人未満の法人)(S61)
平成元年 (1989)	**年金制度改正** ・完全自動物価スライド制の導入 ・国民年金基金制度の創設(H3) ・20歳以上学生の強制加入(H3)
平成6年 (1994)	**年金制度改正** ・60歳代前半の老齢厚生年金の見直し 　(定額部分の支給開始年齢の引き上げ) 　(平成13年度から段階的実施) ・在職老齢年金制度の改善(H7) ・賃金再評価の方式の変更 ・遺族年金の改善(H7) ・育児休業期間中の厚生年金保険料(本人分)の免除(H7) ・厚生年金に係る賞与等からの特別保険料(1%)の創設(H7)
平成9年 (1997)	**基礎年金番号の導入**(1月) **3共済(JR、JT、NTT)の厚生年金保険への統合**
平成10年 (1998)	**雇用保険の失業給付等と特別支給の老齢厚生年金との併給調整実施**(4月)
平成12年 (2000)	**年金制度改正** ・厚生年金の給付水準5%適正化 ・60歳代前半の老齢厚生年金の見直し 　(報酬比例部分の支給開始年齢の引き上げ) 　(平成25年度から段階的実施) ・学生の国民年金保険料の納付特例制度の実施 ・育児休業期間中の厚生年金保険料(本人分＋事業主分)の免除 ・60歳代後半の在職老齢年金制度創設(H14) ・厚生年金の適用年齢の引き上げ(70歳未満に)(H14) ・総報酬制の導入(H15)
平成13年 (2001)	**確定拠出年金法施行**(10月)
平成14年 (2002)	**確定給付企業年金法施行** **農林漁業団体職員共済組合の厚生年金保険への統合**
平成16年 (2004)	**年金制度改正** ・保険料水準固定方式の導入 ・厚生年金保険料率の引き上げ ・マクロ経済スライドの創設

時　期	項　目
平成16年 (2004)	・国民年金保険料の引き上げ(H17) ・60歳代前半の在職老齢年金の改善(H17) ・若年者に対する納付猶予制度の創設(H17) ・第3号被保険者の特例届出の実施(H17) ・厚生年金基金の免除保険料率の凍結解除(H17) ・障害基礎年金と老齢厚生年金等との併給(H18) ・国民年金保険料の多段階免除の導入(H18) ・算定基礎日数の見直し(H18) ・離婚時の厚生年金分割(H19) ・遺族厚生年金の支給方法の変更(H19) ・老齢厚生年金の繰下げ制度の導入(H19) ・70歳以上の在職老齢年金制度導入(H19) ・第3号被保険者期間の厚生年金の分割(H20)
平成17年 (2005)	**厚生年金基金連合会から企業年金連合会への改組**(10月)
平成19年 (2007)	**年金時効特例法の実施**(7月)
平成20年 (2008)	**ねんきん特別便の実施**
平成21年 (2009)	**基礎年金国庫負担割合の2分の1へ引き上げ** **ねんきん定期便の実施** **厚生年金加入記録のお知らせの実施**
平成22年 (2010)	**日本年金機構の設立(社会保険庁の廃止)**(1月)
平成23年 (2011)	**ねんきんネットのサービス開始**(2月)
平成24年 (2012)	**適格退職年金制度の廃止**(3月) **年金制度改正** **年金機能強化法**(8月22日公布) ・基礎年金の国庫負担2分の1を恒久化(H26.4) ・遺族基礎年金を父子家庭にも支給(H26.4) ・産休期間中の保険料免除(H26.4) ・受給資格期間を10年に短縮(H29.8) ・短時間労働者の社会保険の適用拡大(H28.10) **被用者年金制度一元化法**(8月22日公布)(H27.10) **国民年金法等改正法**(11月26日公布) ・基礎年金国庫負担2分の1維持のため、年金特例公債を発行(H24.11) ・特例水準の解消関係(H25.10) **年金生活者支援給付金法**(11月26日公布)(R1.10)
平成25年 (2013)	**年金制度改正** **公的年金制度の健全性及び信頼性確保のための改正法** (6月26日公布) ・厚生年金基金制度の見直し(H26.4) ・第3号被保険者の記録不整合問題への対応(H25.7など)
平成26年 (2014)	**年金事業等運営改善のための国民年金法等改正法** (6月11日公布) ・年金保険料の納付率の向上方策等(H26.10など) ・事務処理誤り等に関する特例保険料の納付等の制度の創設(H28.4) ・年金記録の訂正手続きの創設(H27.4) ・年金個人情報の目的外利用・提供の範囲の明確化(H26.10)
平成28年 (2016)	**年金改革法**(12月26日公布) ・中小企業の短時間労働者の被用者保険への適用拡大(H29.4) ・国民年金第1号被保険者の産前産後期間の保険料免除(H31.4) ・マクロ経済スライドの見直し(H30.4) ・賃金・物価スライドの見直し(R3.4) ・年金積立金管理運用独立行政法人(GPIF)の組織等の見直し(H29.10) ・日本年金機構の国庫納付規定の整備(H28.12)
令和2年 (2020)	**年金制度機能強化法**(6月5日公布) ・被用者保険の適用拡大(R4.10.1など) ・在職中の年金受給の在り方の見直し(R4.4.1) ・受給開始時期の選択肢の拡大(R4.4.1) ・確定拠出年金の加入可能要件の見直し等(R4.4.1など)

※年金制度改正項目の(　)は実施時期

令和6年度の年金額改定について

　令和6年度に支給される年金については、新規裁定者、既裁定者ともに年金額改定率は2.7%です。ただし、令和5年度は新規裁定者、既裁定者によって改定率・年金額が異なりました。その金額をベースに年金額が改定されるため、昨年度に引き続き、生年月日により年金額が異なることとなりました（右頁参照）。

年金額改定のしくみ

　国から支給される年金等は、物価や賃金などの変動にあわせて毎年度改定されます。
　年金額は、原則、以下の方法で改定されています。
　①年金を受給し始める者（新規裁定者[※1]）は、賃金変動率により改定
　②年金を受給している者（既裁定者[※2]）は、物価変動率により改定

※1　67歳に達する年度までの受給者。
※2　68歳に達する年度以降の受給者。

　ただし、物価変動率、賃金変動率の変動によって、上記の原則と異なる場合があります（下図参照）。

■年金額改定（スライド）のルール

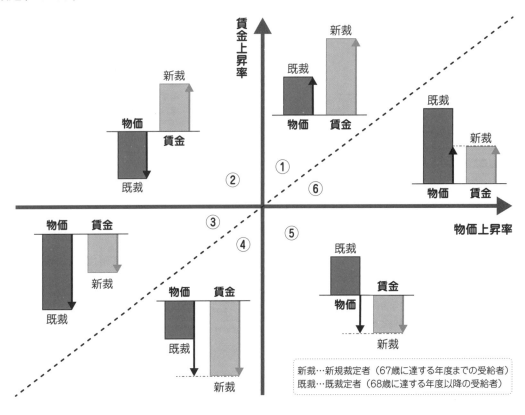

新裁…新規裁定者（67歳に達する年度までの受給者）
既裁…既裁定者（68歳に達する年度以降の受給者）

　上図の④〜⑥のように、物価変動率より賃金変動率が低い場合、新規裁定者・既裁定者ともに賃金変動率で改定されることとなっています[※1]。過去10年以上、物価変動率より賃金変動率が低い状態が続いたこと等により、新規裁定者・既裁定者ともに同じ変動率で改定されてきました。

　令和5年度は物価変動率、賃金変動率がともにプラスで、賃金変動率が物価変動率を上回ったため、上図①の状態となり、新規裁定者は2.2%、既裁定者は1.9%と異なる改定率となりました。

　令和6年度の年金額改定に用いる令和5年の対前年消費者物価指数（物価変動率）は3.2%となり、対前年度名目手取り賃金変動率[※2]は3.1%となりました。この結果「物価変動率、賃金変動率がともにプラスで、物価変動率が賃金変動率を上回る」という状態になりました。これは、上図⑥の状態となり、新規裁定者・既裁定者ともに物価変動率で年金額が改定されることになりました。実際には、マクロ経済スライド（-0.4%）による調整が行われるため、2.7%で改定されます（23頁参照）。

※1　令和2年度までは、上図④の場合は物価変動率で改定、⑤の場合はスライドなしとされていました。
※2　名目手取り賃金変動率＝物価変動率×実質賃金変動率×可処分所得割合変化率
　　　　　 （3.1%）　　　　（3.2%）　　　（▲0.1%）　　　　　（0.0%）

■物価・賃金変動率と改定率の推移

	H16年度	H17年度	H18年度	H19年度	H20年度	H21年度	H22年度	H23年度	H24年度	H25年度
物価変動率	▲0.3%	0.0%	▲0.3%	0.3%	0.0%	1.4%	▲1.4%	▲0.7%	▲0.3%	0.0%
賃金変動率	—	—	—	0.0%	▲0.4%	0.9%	▲2.6%	▲2.2%	▲1.6%	▲0.6%
改定率	▲0.3%	0.0%	▲0.3%	0.0%	0.0%	0.9%	▲1.4%	▲0.7%	▲0.3%	0.0%

	H26年度	H27年度	H28年度	H29年度	H30年度	R元年度	R2年度	R3年度	R4年度	R5年度	R6年度
物価変動率	0.4%	2.7%	0.8%	▲0.1%	0.5%	1.0%	0.5%	0.0%	▲0.2%	2.5%	3.2%
賃金変動率	0.3%	2.3%	▲0.2%	▲1.1%	▲0.4%	0.6%	0.3%	▲0.1%	▲0.4%	2.8%	3.1%
改定率	0.3%	1.4%	0.0%	▲0.1%	0.0%	0.1%	0.2%	▲0.1%	▲0.4%	2.2%※1	2.7%

※1 既裁定者は1.9%。

■令和6年度の主な年金額等

項目		年金額等	項目		年金額等
老齢基礎年金	A	816,000円	遺族基礎年金	A	816,000円
	B	813,700円		B	813,700円
障害基礎年金（1級）	A	1,020,000円	子の加算額（1人目・2人目）		234,800円
	B	1,017,125円	子の加算額（3人目以降）		78,300円
障害基礎年金（2級）	A	816,000円	配偶者加給年金額		234,800円
	B	813,700円	遺族厚生年金の中高齢寡婦加算額		612,000円

A：昭和31年4月2日以後生まれの人。
B：昭和31年4月1日以前生まれの人。

■遺族基礎年金を受けられる遺族と年金額（令和6年度額）

	子の数	基本額		加算額	合計額	
		A	B		A	B
子のある配偶者が受給	子1人	816,000円	813,700円	234,800円	1,050,800円	1,048,500円
	2人	816,000円	813,700円	469,600円	1,285,600円	1,283,300円
	3人	816,000円	813,700円	547,900円	1,363,900円	1,361,600円
子	子1人	816,000円	—	—	816,000円	—
	2人	816,000円	—	234,800円	1,050,800円	—
	3人	816,000円	—	313,100円	1,129,100円	—

A：昭和31年4月2日以後生まれの人。
B：昭和31年4月1日以前生まれの人。

確定拠出年金の拠出限度額の見直しについて

　企業型確定拠出年金（以下企業型DC）と個人型確定拠出年金（以下iDeCo）については、重複して加入する場合、企業型DCの掛金拠出限度額を引き下げる必要があるなどの影響がありました。令和4年10月以降、確定給付企業年金（以下DB）を含めた複数の企業年金制度に加入する場合の掛金拠出限度額のしくみが見直されています。

令和6年12月から
iDeCoの掛金拠出限度額が、企業型DCやDBの掛金と通算されます

　下記の表のように、iDeCoの掛金拠出限度額は、DBなどの企業年金制度への加入実態により異なります。令和6年12月からは、一律2万円となります。ただし、他の制度の掛金と通算されることとなっています。令和6年4月現在は、DBなどの掛金相当額については一律に評価（2.75万円）されていますが、実際の掛金額がiDeCoの掛金拠出限度額の計算に反映されることになります。そのため、DBなどの掛金相当額が高い場合は、iDeCoの掛金額が2万円より低くなる、または拠出できなくなる場合もあると想定されます。iDeCoの掛金最低月額は5,000円のため、iDeCoの掛金月額が5,000円を下回る場合も掛金が拠出できなくなります。

　今後のiDeCo掛金額を検討するため、令和4年10月までに事業主を通じて、DB等の掛金相当額が従業員のみなさんにお知らせされています。

■企業年金加入者のiDeCoの掛金月額の上限

	令和4年10月〜	令和6年12月〜
①企業型DCのみに加入	2万円 （企業型DCとの合計が5.5万円）	2万円 （企業型DC、DBとの合計が5.5万円）
②企業型DCとDB等の他制度に加入	1.2万円 （企業型DCとの合計が2.75万円）	
③DB等の他制度のみに加入	1.2万円（従来同様）	

■iDeCo・企業型DC・DBの掛金月額の関係図（令和6年12月以降）

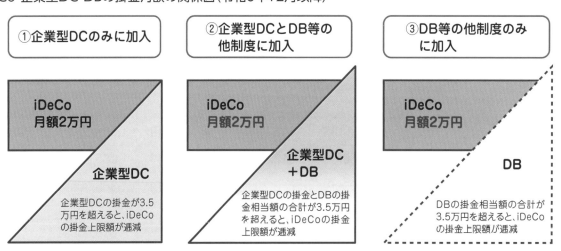

■令和6年12月以降のiDeCoの掛金拠出限度額の計算例（概算）
（上記②の企業型DCとDB等の他制度に加入している場合）

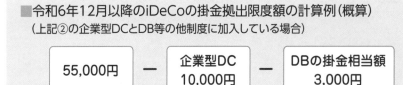

55,000円 － 企業型DC 10,000円 － DBの掛金相当額 3,000円 ＝ iDeCoの掛金拠出限度額※ 20,000円

※上限が2万円のため、2万円以上の場合は2万円。

「年収の壁・支援強化パッケージ」が新設

　いわゆる「年収の壁」とは、会社員等に扶養される者の年収が一定水準を超えると扶養を外れ、社会保険料の負担が発生するため、手取りの収入が減少してしまうという問題。そのため、年収を基準内に抑えるため、就業時間を減らすなど働き控えの原因ともいわれています。令和5年10月、「年収の壁」を意識せず働くことができる環境づくりを支援するため、「年収の壁・支援強化パッケージ」が新設されています。

社会保険における年収の壁とは?

　会社員等の一定額以下の収入の被扶養者は、厚生年金・健康保険の保険料が発生しません。こうした方の収入が増加した場合、保険料負担が発生することとなります。

・106万円の壁
　常時101人(令和6年10月からは51人)以上の事業所で勤務する短時間労働者等の年収が106万円以上に増加した場合。

・130万円の壁
　常時100人以下の事業所で勤務する短時間労働者等の年収が130万円以上に増加した場合。

「年収の壁・支援強化パッケージ」について

・「106万円の壁」への対応
　パート・アルバイトなど短時間労働者として働く方の収入が増加した場合、厚生年金・健康保険の加入にあわせて、手取り収入を減らさない取り組みを実施する企業に対し、労働者1人当たり最大50万円の支援が行われます。

■キャリアアップ助成金:社会保険適用時処遇改善コース
・一事業所当たりの申請人数の上限を撤廃。
・令和7年度末までに労働者に被保険者保険の適用を行った事業主が対象。
・支給申請にあたり、提出書類の簡素化など事務負担を軽減。

(1)支援等支給メニュー(手当等により収入を増加させる場合)

要件	一人当たり助成額
①賃金の15%以上分を労働者に追加支給※1	1年目 20万円
②賃金の15%以上分を労働者に追加支給※1するとともに、3年目以降、以下③の取り組みが行われること	2年目 20万円
③賃金の18%以上を増額※2させていること	3年目 10万円

・助成額は中小企業の場合。大企業の場合は3/4の額。
・①、②の賃金は標準報酬月額及び標準賞与額、③の賃金は基本給。
・1、2年目は取り組みから6ヵ月ごとに支給申請(1回当たり10万円支給)。3年目は6ヵ月後に支給申請。

※1　一時的な手当(標準報酬月額の算定に考慮されない「社会保険適用促進手当」)による支給も可。
※2　基本給のほか、被用者保険適用時に設けた一時的な手当を恒常的なものとする場合、当該手当を含む。労働時間の延長との組み合わせによる増額も可。また、2年目に前倒しして③の取り組み(賃金の増額の場合のみ)を実施する場合、3回目の支給申請でまとめて助成(30万円)。

(2)労働時間延長メニュー(労働時間延長を組み合わせる場合)

週所定労働時間の延長	賃金の増額	一人当たり助成額
4時間以上	—	30万円
3時間以上4時間未満	5%以上	
2時間以上3時間未満	10%以上	
1時間以上2時間未満	15%以上	

・助成額は中小企業の場合。大企業の場合は3/4の額。
・取り組みから6ヵ月後に支給申請。
・賃金は基本給。

(3)併用メニュー
　1年目に(1)の取り組みによる助成(20万円)を受けた後、2年目に(2)の取り組みによる助成(30万円)を受けることが可能。

■社会保険適用促進手当について
　短時間労働者の社会保険への適用を促進するため、事業主は労働者の保険料負担を軽減するため「社会保険適用促進手当」を支給できることになりました。これは、給与・賞与とは別に支給するものとし、新たに発生した本人負担分の保険料相当額を上限とします。また、保険料算定の基礎となる標準報酬月額及び標準賞与額の算定対象とはされません。

・「130万円の壁」への対応
　パート・アルバイトなど短時間労働者として働く方が、繁忙期に労働時間が増加したことなどにより一時的に年収が130万円以上に増加した場合、一時的な収入変動である旨の事業主の証明を添付することで、特例的に引き続き被扶養者認定が可能となります。

公的年金の種類と加入する制度

公的年金には、国民年金と厚生年金保険の2種類があり、わが国に住所のあるすべての人が加入を義務づけられています。その人の職業・就労形態などによって加入する年金制度の種類が決まります。なお、平成27年10月に共済年金は厚生年金保険に統合され、共済組合の組合員等、加入者は厚生年金保険の被保険者となりました。

20歳以上60歳未満の人は国民年金に加入

国民年金には日本国内に住所のある20歳以上60歳未満のすべての人が加入し、老齢・障害・死亡の保険事故に該当したときに「基礎年金」を受けることとなります。

国民年金の被保険者（公的年金の加入者を被保険者という）は、その人の職業等により次の3種類に分かれており、保険料の納め方が異なります。

■国民年金の被保険者は3種類

被保険者の種類	該当者	国民年金保険料の納め方
第1号 被保険者※1	厚生年金保険に加入していない20歳以上60歳未満の自営業、自由業、農業・漁業に従事する人、国会議員、地方議会議員、学生、フリーター、無職の人など。	国民年金保険料は自分で納める。 （または免除や納付猶予などの適用を受ける。）
第2号 被保険者	厚生年金保険の加入者本人※。厚生年金保険に加入するとともに自動的に国民年金にも加入します。ただし65歳以上で老齢（退職）年金を受けられる人を除く。 ※原則70歳未満の人が厚生年金保険等の被保険者となります。	国民年金保険料は厚生年金保険料等に含まれる。厚生年金保険の制度が国民年金の制度に基礎年金拠出金として一括拠出。
第3号 被保険者※1	第2号被保険者に扶養される20歳以上60歳未満の配偶者。ただし、年収が130万円以上あると健康保険と同様に被扶養配偶者とならず第1号被保険者として国民年金保険料を納める。 ※令和2年4月より原則国内居住が要件となりました。	国民年金保険料は配偶者の加入する制度が一括負担。

※1 令和2年4月以降、日本国籍を有しない20歳以上60歳未満の方で、医療滞在ビザ、観光・保養等を目的とするロングステイビザ等で来日した方については、適用除外となっています。

厚生年金保険に加入している人は国民年金にも加入

厚生年金保険に加入している人は、厚生年金保険の制度を通じて国民年金に加入する第2号被保険者に分類され、国民年金の給付である「基礎年金」に加えて、「厚生年金」を受けることとなります。

■公的年金制度と加入者

	厚生年金保険		
	国民年金		
第1号被保険者	第2号被保険者		第3号被保険者
自営業、自由業、農林漁業、フリーター、学生など （20歳以上60歳未満）	被用者		第2号被保険者の被扶養配偶者 （20歳以上60歳未満）
	民間会社で働く70歳未満の人など※	70歳未満の国家公務員、地方公務員、私立学校教職員など※	

※65歳以上の厚生年金保険被保険者で、老齢基礎年金の受給権のある人は、国民年金の第2号被保険者とはなりません。したがって、その被扶養配偶者が20歳以上60歳未満の場合は第3号被保険者ではなく第1号被保険者に該当するので、個別に国民年金保険料を納めることとなります。

年金の加入に関する 一般的なお問い合わせは	ねんきん加入者ダイヤル

国民年金加入者 TEL：**0570-003-004**
※050で始まる電話の場合は03-6630-2525

事業所、厚生年金加入者 TEL：**0570-007-123**
※050で始まる電話の場合は03-6837-2913

受付時間（祝日（第2土曜日以外）、年末年始を除く）
月～金曜日　午前8:30～午後7:00　第2土曜日　午前9:30～午後4:00

保険料負担のしくみ

本項におきましては、昭和31年4月2日以後生まれの人の年金額を掲載しています（詳細は4～5頁参照）。

公的年金制度の財政

　国民年金や厚生年金保険などの公的年金制度は、「世代間扶養」のしくみによって支えられています。しかしわが国では少子・高齢化が急速に進行し、従来のしくみのままだと年金制度を支える現役世代の支払う保険料は増大し続け、過重な負担となります。一方、年金受給者の年金額の水準も一定水準を保ちつつも、引き下げを避けられない状態となっています。年金給付と保険料負担のバランスをどう図るかが、最も大きな課題です。

■公的年金制度の財政のしくみ

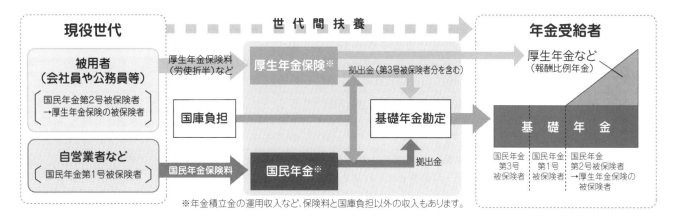

※年金積立金の運用収入など、保険料と国庫負担以外の収入もあります。

基礎年金の国庫負担を2分の1へ引き上げ

　改正法の成立により、平成21年度に国庫負担割合2分の1が実現しましたが、安定財源が確保されていませんでした。平成24年11月に成立した「国民年金法等の一部を改正する法律等の一部を改正する法律」において、平成26年度から消費税が増税されることを前提に基礎年金の国庫負担2分の1が恒久化される特定年度を平成26年度と定め、増税分を安定財源にあてることが決まりました。

> ■積立金の活用（有限均衡方式の導入）
> 　従来の積立金は、将来にわたり永久的に年金財政を均衡させるしくみですが、それを改めおおむね100年間で財政均衡を図り、その財政均衡期間終了時において年金給付の費用1年分程度の積立金を保有することにして、次世代及び次々世代の年金給付に充当することになります。

Q&A

Q　老齢基礎年金額を計算する際、保険料全額免除期間の給付割合が2分の1と3分の1の場合があるのはどうしてですか？

A　基礎年金の給付については、全額保険料で賄われているのではなく、一部国庫負担となっています。そのため、保険料金額免除期間分の基礎年金は国庫負担分のみが対象となります。保険料全額免除期間の給付割合が異なるのは、平成20年度までは国庫負担が3分の1、平成21年度以降は2分の1になったためです。

　　老齢基礎年金の計算例
　　・保険料納付済期間…420月
　　・保険料全額免除期間（平成20年度以前）…36月
　　・保険料全額免除期間（平成21年度以降）…24月

$$816,000円 \times \frac{420 + (36 \times 1/3) + (24 \times 1/2)}{480} = 754,800円$$
（令和6年度額）

第1号被保険者の保険料

国民年金保険料は月額16,980円

　平成16年年金改正で、国民年金保険料は毎年度280円※ずつ引き上げられ、平成29年度以降は16,900円（令和元年度以降は17,000円）※で固定されることとなりました。令和6年度の保険料は月額16,980円で、原則翌月末までに納めます。
※金額は平成16年価格。令和6年度は法定国民年金保険料額17,000円に保険料改定率（0.999）を乗じた結果、16,980円となりました。

●保険料の納付方法と割引について

1	納付案内書（1年間使用）で金融機関の窓口等に納付	全国の銀行、信用金庫、信用組合、労働金庫、農協、漁協、ゆうちょ銀行（郵便局）、コンビニで納付できます。平成25年11月より、「MMK設置店」の表示のあるドラックストア等でも納付可能。クレジットカード、電子納付（インターネット等※）による納付も可能です。 ※金融機関とのインターネットバンキング契約が必要です。また、金融機関が、Pay-easy（ペイジー）に対応し、納付書にペイジーマークがついている場合に利用できます。納付書のバーコードを決済アプリで読み取ることで電子決済も可能です。
2	口座振替で納付	1ヵ月分の保険料が毎月自動的に引き落とされます（引き落とし日は翌月末日）。「国民年金保険料口座振替納付申出書兼口座振替依頼書」で手続きします。
3	早割制度で納付	口座振替の引き落とし日を当月末日とすることで保険料が毎月50円割引となります。初回のみ2ヵ月分（前月分と当月分）の保険料を振替します（割引は当月分のみ）。手続きは2の口座振替と同様です。
4	2年分、1年分、6ヵ月分を前納 このほか、厚生労働大臣が定める期間の保険料を前納することもできます。 ※平成29年4月より、現金またはクレジットカードでも2年前納が可能となりました。	1年分の前納は、4月末日に12ヵ月分をまとめて納めます。また6ヵ月分の前納は、4月末日、10月末日に6ヵ月分をそれぞれ納めます（1年分、6ヵ月分ともに口座振替による前納もできます）。 ※現金は年度途中の月からでも前納できます。令和6年3月から、口座振替またはクレジットカード納付で、年度途中の月からの前納（6ヵ月分・1年分・2年分）が可能となりました。 6ヵ月分の保険料101,880円を現金で前納すると101,050円、口座振替で前納すると100,720円。1年分の保険料203,760円を現金で前納すると200,140円、口座振替で前納すると199,490円。2年分の保険料413,880円を現金で前納すると398,590円、口座振替で前納すると397,290円。（令和6年度額）

※任意加入被保険者となる人については、保険料の納付が原則として、口座振替によることとされています。
※年金事務所での国民年金保険料の現金納付は原則として廃止されています。

保険料の免除には全額免除と一部免除がある（多段階免除制度）

　第1号被保険者（自営業、学生など）の人で、所得が少ないときや、失業等により保険料を納めることが困難なとき、申請して承認されると保険料が免除されます。免除された期間は、老齢基礎年金を受給するための受給資格期間には算入されますが、年金額は全額納付した期間と比べて、全額免除期間は2分の1、4分の3免除期間は8分の5、半額免除期間は4分の3、4分の1免除期間は8分の7として計算されます。

　一部免除（4分の1免除、半額免除、4分の3免除）の期間は、納めなければならない保険料（12,740円・8,490円・4,250円）を納付しないと保険料未納扱いとなり、その間の事故や病気で1・2級の障害が残ったり死亡した場合、障害基礎年金や遺族基礎年金が支給されない場合があります（2年を経過した未納期間は時効のため、さかのぼって保険料を納めることはできません。追納制度は次頁参照）。また全額免除対象の人でも、希望すれば一部免除の申請ができます。

　なお、保険料納付期限から2年を経過していない期間（申請時点から2年1ヵ月前までの期間）については、さかのぼって免除等を申請できます。

全額免除 保険料の全額（月額16,980円、令和6年度額）を免除します。

一部免除 保険料の一部を納付（月額4,250円・8,490円・12,740円、令和6年度額）し、残りを免除します。

※免除された保険料を追納することで、将来の年金額を満額に近づけることができます。

●免除の申請方法

　手続きは市区町村の国民年金担当窓口に年金手帳または基礎年金番号通知書を持参して行います。失業により免除申請する場合は、「雇用保険受給資格者証」または「雇用保険被保険者離職票」の写し等を添えてください。免除の承認期間は申請月以前の7月（始期）から次の6月（終期）までです（申請月が6月の場合はその年の6月まで）。一部免除は毎年申請が必要です。全額免除・納付猶予は翌年度以降の継続申請ができます（失業等による場合を除く）。なお、「国民年金保険料免除・納付猶予申請書」については、原則、マイナンバーまたは基礎年金番号や被保険者氏名などの基本情報を記入することで申請できます。令和4年5月より、マイナポータルへログインして電子申請も可能です。

■申請免除の対象となる人
①前年の所得（収入）が少なく、保険料の納付が困難な人　②失業等により保険料の納付が困難な場合など
③地方税法に定める障害者または寡婦、未婚のひとり親であって、前年の所得が135万円以下の人
④被保険者または被保険者の属する世帯の他の世帯員が、生活保護法の生活扶助以外の扶助を受けているとき
⑤特別障害給付金を受けているとき
⑥配偶者の暴力（DV）によってその配偶者（加害者）と住居が異なり、保険料の納付が困難な人
⑦①〜⑥以外で、申請のあった年度またはその前年度に被災し、財産のおおむね2分の1以上の損害を受けた場合　など
※免除の対象になる前年所得（収入）の目安については、最寄りの市区町村の国民年金担当窓口、年金事務所などにお問い合わせください。

■法律により免除される「法定免除」について
下記の①、②の人などは、届け出ることで全額免除されます。
①生活保護法の生活扶助を受けている
②障害基礎年金または被用者年金の障害年金（いずれも1・2級の場合）を受けている

●産前産後期間の保険料免除

　平成31年4月から、第1号被保険者の出産予定日等の属する月の前月から4ヵ月間（多胎妊娠の場合、出産予定日等の属する月の3ヵ月前から6ヵ月間）の国民年金保険料が免除されています。免除期間は保険料を納付したものとして、年金額に反映されます。

学生納付特例制度

　20歳以上の学生本人の前年所得が一定額以下※で、申請して承認されれば、在学中の国民年金保険料の納付が猶予される制度です。学生納付特例制度の承認期間は、申請月以前の4月（始期）から次の3月（終期）までです（申請月が3月の場合はその年の3月まで）。前年の所得を確認する必要があるため、申請は毎年必要です。

　住民票を登録している市区町村役場の国民年金担当窓口に「国民年金保険料学生納付特例申請書」を提出してください。年金手帳または基礎年金番号通知書、在学証明書または学生証の写し、前年の所得の状況がわかる書類（課税証明書、源泉徴収票等）が必要です。平成20年4月から学生納付特例申請の事務手続きについて、大学等が学生等である被保険者の委託を受けて、学生納付特例に係る申請を代行できることとされ、また、在学中継続する申請の場合、ハガキ形式の簡素化された手続きが可能となりました。なお、保険料納付期限から2年を経過していない期間（申請時点から2年1ヵ月前までの期間）については、さかのぼって免除等を申請できます。

　また、学生納付特例期間中の障害や死亡といった不慮の事故には障害基礎年金、または遺族基礎年金（子のある場合）が支給されます。学生納付特例期間は、将来老齢基礎年金を受けるための受給資格期間には算入されますが、年金額には反映されません。保険料は10年前までさかのぼって納付（追納）することができます。

※学生本人に扶養親族等がなく128万円以下の所得であれば、学生納付特例の対象になります。扶養親族等のある学生の場合、その人数に応じて1人38万円を目安として加算されます。

納付猶予制度

　50歳未満で、本人及び配偶者の所得が一定額以下（全額免除基準と同額）の場合、「国民年金保険料免除・納付猶予申請書」で申請を行い承認されれば保険料の納付が猶予されます（令和12年6月末までの時限措置）。承認期間は申請免除と同じで、翌年度以降の継続申請もできます。学生納付特例制度と同様に、猶予期間中の障害や死亡といった不慮の事態には障害基礎年金、または遺族基礎年金（子のある場合）が支給されます。老齢基礎年金の受給資格期間には算入されますが、年金額には反映されません。

※申請全額免除、納付猶予申請手続きについて、簡素化されたターンアラウンド方式や継続免除方式が導入されています。

保険料の「追納」について	保険料の納付を免除・猶予された期間について、本来の納付期限である2年を過ぎても10年以内であればさかのぼって保険料を納付できます。これを「追納」といいます。なお、免除・猶予が承認された期間から起算して、3年度目以降に追納する場合には、承認当時の保険料額に経過期間に応じた加算額がプラスされます。 　追納は原則として先に経過した期間から行いますが、学生納付特例期間より前に保険料免除期間がある場合、前の免除期間を優先して追納するか、学生納付特例期間を優先して追納するかを本人が選択できます。
付加保険料	第1号被保険者で、より多くの年金を希望する場合、月額16,980円（令和6年度額）の保険料に月額400円をプラスして納付します。付加保険料に対する付加年金額は（200円×付加保険料納付月数）で計算され、物価スライドはありません。なお、保険料免除（産前産後の保険料免除を除く）期間中や国民年金基金の加入員などは付加保険料を納めることはできません。

第2号被保険者の保険料

標準報酬月額と標準賞与額に基づいて保険料を納める

月々の報酬月額を32等級に区分した標準報酬月額と、標準賞与額（1,000円未満切り捨て。1ヵ月の支払いにつき上限150万円）に18.3%の保険料率を乗じた額を厚生年金保険料として納めます（事業主と本人の折半負担）。

●保険料率引き上げの凍結解除と保険料率の改定

厚生年金保険料は段階的に引き上げられてきましたが、平成12年年金改正より景気動向への配慮から引き上げが凍結されました。

平成16年年金改正の実施に伴い、凍結が解除され、平成16年10月から厚生年金保険料率が段階的に引き上げられています。平成29年9月からは18.3%に固定されました。一元化された共済年金の保険料率も段階的に引き上げられ、厚生年金の保険料率（上限18.3%）に統一されます。

●厚生年金保険料には国民年金保険料分も含まれている

厚生年金保険の被保険者は国民年金の第2号被保険者に分類されています。厚生年金保険料には国民年金保険料分も含まれているので、将来厚生年金保険からは「厚生年金」、国民年金からは「基礎年金」が支給されます。

年金は、「老齢」「障害」「遺族（死亡）」のいずれかの事由に該当し、支給要件を満たしたときに支給されます。

報酬の範囲

給与を一定の範囲の等級（右頁参照）にあてはめ、一定期間（原則として1年間）固定するのが標準報酬制です。

標準報酬を定めるときの「報酬の範囲」は、労働の対償として受ける各種手当も含まれます。賞与（年3回以下支払われるもの）は報酬とは別に標準賞与として扱われます。

標準報酬月額の決定と改定

厚生年金保険、厚生年金基金、健康保険の標準報酬月額の決定時期・方法には次の4種類があります。

---

❶資格取得時決定

新たに就職して厚生年金保険等の被保険者となったときは、給与の支払実績がないので、その人が今後受け取るであろう給与の額で標準報酬月額を決定します。

❷定時決定（算定基礎届による決定）

標準報酬月額は、年1回決まった時期に見直しが行われます。これを定時決定といいます。

毎年7月1日現在の被保険者全員を対象として、その年の4月、5月、6月の3ヵ月間に受け取った給与の平均額に基づいて新しい標準報酬月額を決め、その年の9月分から翌年の8月分までの1年間適用されます。

❸随時改定（月額変更）

標準報酬月額は、次の定時決定が行われるまでは変更しないことを前提としていますが、昇（降）給などにより、それまでの標準報酬と固定的賃金の変動後引き続く3ヵ月間に受けた報酬の平均に2等級以上の差が生じた場合は、変動があった4ヵ月目以降に標準報酬月額の改定が行われます。これを随時改定といいます。

❹育児休業等（産前産後休業）終了時改定

育児休業等を終えて3歳未満の子を育てている被保険者が申出をすれば、育児休業等の終了日の翌日の属する月以後3ヵ月の報酬月額の平均が、育児休業等の終了日の翌日の属する月の4ヵ月目から次の定時決定までの標準報酬月額とされます。なお、平成26年4月より産前産後休業（産前6週間（多胎妊娠14週間）、産後8週間）を終えた場合についても上記と同様の取扱いとなりました。

❶～❹ともに、決定月の保険料（掛金）は翌月の給与から徴収されます。例えば算定基礎届による定時決定は9月分から適用されるので、翌月10月の給与控除分から変更されることとなります。

※継続再雇用の使用関係中断みなし取扱いについては、85頁参照。

保険者算定の要件が追加

定時決定などで決定した標準報酬月額が著しく不当だった場合、保険者（厚生労働大臣、健康保険組合）が標準報酬月額を算定し直すことができます。これを「保険者算定」といいます。保険者算定は4月から6月の間に①給与の遅配があり、3月分以前の給与をさかのぼって受けた場合、②低額の休職給を受けた場合、③ストライキによる賃金カットがあった場合に限られていました。4～6月が繁忙期に当たり報酬月額が高くなると、その後の期間について実際より高い保険料を納めなければならない場合があります。そこで、前年7月から当年6月までの平均報酬月額と、当年4～6月の平均報酬月額で算出した標準報酬月額との間に2等級以上の差が生じた場合であって、その差が業務の性質上例年発生することが見込まれる場合で、この事由に基づく保険者算定を申し立てる場合は、保険者等にその要件に該当する理由を記載した申立書（被保険者の同意書を添付）を提出することになります。その申し立てが認められた場合、保険者により標準報酬月額の算定を行うことができます。

平成30年10月からは、随時改定において保険者算定が可能となる要件が追加されました。随時改定によって算出された標準報酬月額と、年間報酬の月平均額から算出された標準報酬月額との間に2等級以上の差が生じ、その差が業務の性質上例年発生することが見込まれるなどの場合は、申出を行うことによって保険者算定が可能となりました。標準報酬月額は、年間報酬の月平均額から算出されたものとなります。

育児休業期間等は保険料が免除

育児休業もしくは育児休業制度に準ずる措置に基づく休業中の厚生年金保険料は、届出により事業主負担・被保険者負担ともに免除されます。免除される期間は、育児休業等を開始した月から終了する日の翌日の属する月の前月までです。免除された期間は育児休業前の標準報酬で保険料納付が行われたものとして年金額が計算されます。なお、平成26年4月より産前産後休業期間中（産前6週間（多胎妊娠14週間）、産後8週間）についても上記と同様の取扱いとなりました。

※令和4年10月より、育児休業等開始日の属する月については、その月中に2週間以上育児休業等を取得した場合にも保険料が免除されます。賞与保険料については、1ヵ月超の育児休業等取得者に限り免除対象とされます。

標準報酬月額の上限を毎年引き上げ可能に

令和6年4月現在、厚生年金保険の標準報酬月額の上限は65万円です。この上限額は、厚生年金保険全被保険者の標準報酬月額（年度末）の平均の2倍が標準報酬月額の上限を超え、その状態が継続すると認められた場合、その年の9月から上限の改定が可能となっています。標準賞与額も同様に上限の改定が可能です。なお、厚生年金保険の標準報酬月額区分が変更となる場合、厚生年金基金の標準給与の等級区分も見直されます。

算定基礎日数の見直し

標準報酬月額の定時決定・随時改定（月額変更届）及び育児休業等終了時改定の際、算定の対象となる月当たりの支払基礎日数が20日以上から17日以上に見直されています。

◆短時間労働者等の定時決定

正規社員（フルタイム労働者）より短時間で勤務する短時間就労者の定時決定については、原則、支払基礎日数が17日以上の月が1ヵ月以上あれば、その月の平均、いずれも17日未満の場合は、3ヵ月のうち支払基礎日数が15日以上17日未満の月の報酬総額の平均を報酬月額として標準報酬月額を決定します。

特定適用事業所に勤務する短時間労働者の定時決定は、4月、5月、6月のいずれも支払基礎日数が11日以上で算定することとなります（平成28年10月実施）。

※健康保険では、平成28年3月（4月納付分）より第1等級（58,000円）～第50等級（1,390,000円）となりました。
※厚生年金保険では、令和2年9月（10月納付分）より第1等級（88,000円）～第32等級（650,000円）となりました。

■厚生年金保険　標準報酬・保険料月額一覧（一般）　（単位：円）

標準報酬		報酬の範囲	厚生年金保険料
等級	月額		事業主・本人合計 令和2年9月分から
		円以上　　円未満	183.00 1000
1	88,000	～ 93,000	16,104.00
2	98,000	93,000～101,000	17,934.00
3	104,000	101,000～107,000	19,032.00
4	110,000	107,000～114,000	20,130.00
5	118,000	114,000～122,000	21,594.00
6	126,000	122,000～130,000	23,058.00
7	134,000	130,000～138,000	24,522.00
8	142,000	138,000～146,000	25,986.00
9	150,000	146,000～155,000	27,450.00
10	160,000	155,000～165,000	29,280.00
11	170,000	165,000～175,000	31,110.00
12	180,000	175,000～185,000	32,940.00
13	190,000	185,000～195,000	34,770.00
14	200,000	195,000～210,000	36,600.00
15	220,000	210,000～230,000	40,260.00
16	240,000	230,000～250,000	43,920.00
17	260,000	250,000～270,000	47,580.00
18	280,000	270,000～290,000	51,240.00
19	300,000	290,000～310,000	54,900.00
20	320,000	310,000～330,000	58,560.00
21	340,000	330,000～350,000	62,220.00
22	360,000	350,000～370,000	65,880.00
23	380,000	370,000～395,000	69,540.00
24	410,000	395,000～425,000	75,030.00
25	440,000	425,000～455,000	80,520.00
26	470,000	455,000～485,000	86,010.00
27	500,000	485,000～515,000	91,500.00
28	530,000	515,000～545,000	96,990.00
29	560,000	545,000～575,000	102,480.00
30	590,000	575,000～605,000	107,970.00
31	620,000	605,000～635,000	113,460.00
32	650,000	635,000～	118,950.00

第3号被保険者の保険料

昭和60年の年金改正で制度化

　民間の会社員や公務員などに扶養されている被扶養配偶者が自分名義の基礎年金を受けることができるように、「基礎年金制度」が導入された「昭和60年改正」(実施は昭和61年4月)において「女性の年金権の確立」を目的として国民年金の「第3号被保険者」が制度化されました。

　国民年金の第2号被保険者(会社員等被用者年金制度の加入者)に扶養されている20歳以上60歳未満の配偶者(第3号被保険者)の保険料負担については、医療保険同様、個別に負担することは求めず、扶養者の加入する被用者年金制度で負担することとし、第3号被保険者に該当する旨の届出を事業主等経由で行うこととされています。

　平成16年年金改正で、過去(平成17年3月以前)に第3号被保険者に係る未届期間がある人は、届出の特例が認められるようになりました。

厚生年金保険から国民年金の制度への拠出金

　厚生年金保険被保険者の国民年金相当分の保険料は、被保険者(第2号被保険者)分、被扶養配偶者(第3号被保険者)分と併せて厚生年金保険から国民年金の制度に次のように計算された額が拠出されます。

$$
\text{基礎年金の給付に必要な費用(国庫負担等を除いた額)} \times \frac{\text{(厚生年金保険被保険者数(2号) + その被扶養配偶者数(3号))}}{\text{国民年金被保険者総数}}
$$

第3号被保険者と届出

　第3号被保険者の届出は、平成14年3月までは第3号被保険者本人が市区町村役場に提出していましたが、平成14年4月1日からは、健康保険の被扶養者(異動)届と一体化された届書により配偶者が勤める会社(事業主等)を経由して「社会保険事務所(現・年金事務所)」か「健康保険組合」「共済組合など」へ提出することとなりました。

　ただし、下記❹については、第3号被保険者が、年金事務所等へ直接届出することも可能となっています。

こんなときに第3号被保険者の届出が必要

　被扶養配偶者が次のような事由に該当した場合は第3号被保険者の届出が必要となります。配偶者が勤めている会社(事業主等)を経由して届出してください。第3号被保険者が個人番号を記載して届出する場合、事業主または委託を受けた厚年被保険者か第3号被保険者の本人確認が必要です。

❶第3号被保険者に該当した場合(資格取得・種別変更・種別確認)

資格取得	健康保険の被扶養者となっている配偶者が20歳となった場合
種別変更	入社して健康保険の被保険者になった従業員に健康保険の被扶養者となる配偶者がいる場合 健康保険の被保険者が結婚し、その配偶者が健康保険の被扶養者となる場合 健康保険の被保険者の配偶者が、所得減少等により健康保険の被扶養者となる場合
種別確認	転職・出向等により配偶者の被用者年金制度が変更になった場合

❷第3号被保険者に該当しなくなった場合(資格喪失・非該当・死亡)

資格喪失	健康保険の被扶養者となっている配偶者が、健康保険の被扶養者でなくなった場合(配偶者が退職した場合や国外に転居し、そこで被扶養者でなくなった場合)など 被扶養者となっている者の配偶者(老齢年金の受給権があり厚生年金被保険者である者)が65歳以上になった場合 ※被扶養者でなくなった配偶者が第1号被保険者(本人が市区町村に届出)または第2号被保険者(勤務先の事業主が年金事務所等に資格取得届を提出)に該当した場合は資格喪失届は不要です。
非該当	第3号被保険者の収入が基準額以上に増加し、扶養から外れた場合 離婚した場合 ※全国健康保険協会管掌の健康保険の適用事業所に使用される第2号被保険者の被扶養配偶者であった方についての届出は不要です。
死亡	健康保険の被扶養者となっている配偶者が死亡した場合

❸第3号被保険者の氏名、生年月日、性別の変更・訂正があった場合

❹住所変更があった場合　「国民年金第3号被保険者住所変更届」(別様式)を届出してください。

※「住所変更届」「氏名変更届」「死亡届」について、マイナンバーと基礎年金番号が紐付いている方については、届出を省略できます。

第3号被保険者の認定に国内居住要件が追加

第2号被保険者に扶養される20歳以上60歳未満の配偶者は、一定の条件を満たせば、居住地が国内外に関わらず第3号被保険者となっていました。令和2年4月に「医療保険制度の適正かつ効率的な運営を図るための健康保険法等の一部を改正する法律」が施行され、健康保険の被扶養者、国民年金の第3号被保険者の認定に国内居住要件が追加されました。

●国内居住要件の例外

「国内居住」については住民票が国内にあるかどうかで判断されますが、国内に住所がない場合でも以下の①〜⑤のように国内に生活の基礎があると認められる者は例外として扱われます。
①海外に留学する学生、②外国に赴任する被保険者の同行者、③観光・保養・ボランティア活動その他の就労以外の目的で一時的に海外に渡航する人、④外国に赴任している間に被保険者との身分関係が生じた人、⑤渡航目的その他の事情を考慮して日本国内に生活の基礎があると認められた人

年金確保支援法における「第3号被保険者期間の取扱い」

第3号被保険者期間があり、その記録に基づき年金を受けている人に、新たに第2号被保険者期間※が判明した場合、その第2号被保険者期間に引き続く第3号被保険者期間を未届期間として取り扱ってきました。その結果、未届期間とされた第3号被保険者期間が年金額に反映されないこととなり、それまで受けていた年金の一部または全部が過払いに当たるとして、年金の返還が求められてきました。※第1号被保険者の保険料未納期間等も含まれる。

上記のようなケースについて、記録の訂正により第3号被保険者でなくなった場合のその期間に引き続く第3号被保険者期間が、届出をすることにより保険料納付済期間として取り扱われることになりました。

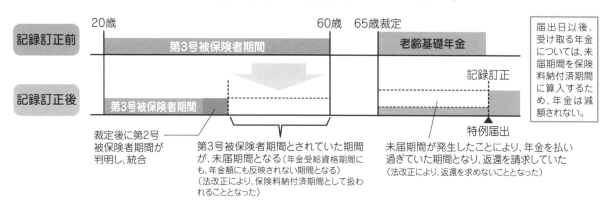

記録不整合問題の対応

第3号被保険者の記録不整合問題を解決すること等を盛り込んだ「公的年金制度の健全性及び信頼性確保のための厚生年金保険法等の一部を改正する法律案」が平成25年6月19日に可決、成立しました。3号不整合部分については、平成25年7月1日に施行されています。3号不整合期間については、平成25年7月から「特定期間該当届」を提出することで、受給資格期間に算入することができるようになりました。

●記録不整合問題とは?

夫が会社員等で妻が専業主婦の家庭の場合、妻が第3号被保険者(前頁参照)となります。夫が離職して自営業や無職になった場合、妻は第1号被保険者となりますが、届出を行わなかったために、年金記録上、妻が第3号被保険者のままになっていたケースがありました。この問題を整備、解決するため、以下の内容が定められました。

◆改正の主な内容(記録不整合関連)

❶年金受給者にも一定の配慮を行った上で、正しい年金額に訂正する
平成30年4月以降、納付実績に応じた年金額に訂正。減額の上限は訂正前の10%とされた。
※なお、平成27年4月から平成30年3月までの間、「特定期間」のうち一部期間について「特例追納」が認められていました。

❷不整合期間を受給資格期間に算入する
平成25年7月から施行された。3号不整合期間(保険料未納期間)については、受給資格期間に算入される。

公的年金を受けるには

本項におきましては、昭和31年4月2日以後生まれの人の年金額を掲載しています（詳細は4〜5頁参照）。

　自営業者などの第1号被保険者であった人には、国民年金から基礎年金が支給されます。第2号被保険者であった人には、国民年金からの基礎年金に加え、厚生年金保険からの厚生年金が併せて支給されます。これらの年金を受けるには、まず基礎年金を受けるための資格期間を満たすことが必要です。なお、平成27年10月に共済年金は厚生年金に統合され、共済組合等の組合員、加入者は厚生年金の被保険者となりました。※受給権を満たすための特例等については下記参照。

老齢年金の受給要件

　老齢年金を受けるためには、まず老齢基礎年金の受給資格期間を満たさなければなりません。受給資格期間を満たすには、次の「保険料納付済期間」「保険料免除期間」「学生納付特例期間・納付猶予期間」「合算対象期間」の合計が10年以上必要です。また10年に満たない人でも、任意加入等により、受給資格期間を満たすこともできます。

■**保険料納付済期間** ……………… 厚生年金保険や平成27年9月までの旧共済組合等に加入していた20歳以上60歳未満の期間、国民年金に加入し保険料を納めた期間、国民年金の第3号被保険者の期間。

■**保険料免除期間**(10〜11頁参照)… 第1号被保険者が、保険料を納付することが困難な場合に、その支払を免除された期間。

■**学生納付特例期間** ……………… 学生納付特例 (11頁参照) の承認期間。

■**納付猶予期間** …………………… 納付猶予 (11頁参照) の承認期間。

■**合算対象期間**(下欄参照) ……… 専業主婦や学生等が、国民年金に強制加入になる前の任意加入の時期に任意加入しなかった期間、海外在住で国民年金に任意加入しなかった期間など（これを「カラ期間」ともいいます）を指します。この期間は文字どおり空の期間で、老齢基礎年金の受給資格期間には算入されますが、年金額を計算する上では対象になりません。

老齢基礎年金の合算対象期間（カラ期間）とは

　現行の年金法に整備される以前に国民年金に任意加入とされていた期間等で、任意加入しなかったなどの期間は老齢基礎年金の年金額に反映されないことから「カラ期間」と通称されています。その期間は受給資格期間に算入することができ、受給資格期間を満たすことができない人への救済措置といえます。

国民年金がスタートした昭和36年4月1日以後の期間で

①厚生年金保険・共済組合などの被保険者（加入者）の配偶者で、昭和61年3月以前に任意加入しなかった期間（一般的には昭和61年3月までの婚姻期間のうち20歳以上60歳未満の期間）

②厚生年金保険（共済組合など）加入期間のうち、20歳未満の期間及び60歳以後の期間

③昭和61年4月1日前に厚生年金保険などの脱退手当金を受けた昭和36年4月以降の期間（昭和61年4月以降に保険料納付期間や免除期間のある人）

④海外居住期間のうち20歳以上60歳未満の期間

⑤平成3年3月末までの期間のうち、20歳以上の昼間部の学生で任意加入しなかった期間

⑥在日外国人のうち一定範囲の人の昭和57年1月1日前の期間

⑦昭和61年4月1日前の国民年金の任意加入期間（20歳以上60歳未満）のうち、保険料未納期間　など

※昭和36年4月1日前の被用者年金加入期間等でも、合算対象期間に算入される場合があります。

Q&A

Q 国民年金の合算対象期間がある場合、年金額はどうなりますか?

A 上記のように、保険料納付済期間等と合算対象期間が10年以上あると、受給資格期間を満たすことができます。ただし、合算対象期間は、年金額の計算には含みません。

例 ●保険料納付済期間…8年　●合算対象期間…32年　●昭和16年4月2日以降生まれの場合

●**受給資格期間の計算**

保険料納付済期間8年＋合算対象期間32年＝40年

10年以上あるので、受給資格期間を満たしています。

●**老齢基礎年金額（年額）の計算**

$$816{,}000円（令和6年度の満額の老齢基礎年金額）× \frac{保険料納付済期間8年×12月}{480} = 163{,}200円$$

受給資格期間を満たす方法

老齢基礎年金を受けるために必要な受給資格期間は、上記のように原則として「保険料納付済期間」等が10年以上必要です。

しかし、保険料を納付していなかった、第3号被保険者の届出をしていなかったなど、老齢基礎年金の受給資格期間を満たせない場合があります。そうした場合のために、受給資格期間を満たすための特例措置が設けられています。また、老齢基礎年金を満額に近づけるため特例的に保険料納付を認める措置も設けられています。

■**任意加入**

国民年金の強制適用除外者のうち、次の場合、任意加入することができます。

①日本国内に住所を有する20歳以上60歳未満の方で、老齢または退職年金の給付を受けることができる場合

②日本国内に住所を有する60歳以上65歳未満の方

③日本国籍があり、日本国内に住所を有しない20歳以上65歳未満の方

■**特例高齢任意加入**

昭和40年4月1日以前生まれの方の特例で、老齢基礎年金の受給資格期間を満たしていない方は次の場合、任意加入することができます。ただし、任意加入できるのは老齢基礎年金の受給資格期間を満たすまでとなっています。

①日本国内に住所を有する65歳以上70歳未満の方

②日本国籍があり、日本国内に住所を有しない65歳以上70歳未満の方

※この他、厚生年金保険の高齢任意加入制度があります。

■**第3号被保険者の届出特例**

届出もれのあった第3号被保険者の期間が、さかのぼって第3号被保険者期間であったものとして扱われ、保険料納付済期間として認められます。

■**未納期間の納付・追納**

国民年金保険料の納付期限は原則として翌月末ですが、2年前までの期間についてはさかのぼって納めることができます。2年を経過した後は時効により納められなくなります。2年の間に未納期間がある場合は、さかのぼって納めることで保険料納付済期間として受給資格期間に算入できます。また、保険料免除期間、学生納付特例期間・納付猶予期間は10年以内であればさかのぼって納める(追納)ことができます。

ただし、対象月から起算して、3年度目以降に追納する場合は、政令で定める額が加算されます。

Q&A

Q 70歳になっても老齢厚生年金の受給権が満たせません。70歳以降も厚生年金に加入できますか?

A 70歳になると、会社で働いていても厚生年金に加入する資格がなくなります。

ただし、老齢(退職)年金を受ける資格を満たしていない場合、申出等を行うことによって、老齢(退職)年金を受ける資格を満たすまで厚生年金に加入することができます。これを高齢任意加入被保険者といいます。

Q 老齢厚生年金の受給権はありますが、年金額を増やすために70歳以降も厚生年金に加入できますか?

A 70歳になると、会社で働いていても厚生年金に加入する資格がなくなります。

また、老齢(退職)年金を受ける資格がある場合、高齢任意加入被保険者になることはできません。

障害年金の受給要件（70〜71頁参照）

❶障害の原因になった傷病の初診日から1年6ヵ月を経過した日またはそれ以前に治った日または症状が固定した日（「障害認定日」といいます）に一定の障害の状態になっていること。

❷初診日の前日において、初診日のある月の前々月までの国民年金被保険者期間のうち3分の1を超える保険料の滞納がないこと。ただし、令和8年3月までの特例で、初診日のある月の前々月までの直近1年間に保険料の滞納がなければ、受給要件を満たしているとされています（65歳未満の者に限る）。

遺族年金の受給要件（66〜67頁参照）

❶被保険者が死亡したときや初診日から5年以内に死亡したとき

死亡日の前日において、死亡日の属する月の前々月までの国民年金被保険者期間のうち3分の1を超える保険料の滞納がないこと。ただし、令和8年3月までの特例で、死亡日の属する月の前々月までの直近1年間に保険料の滞納がなければ、受給要件を満たしているとされています（65歳未満の者に限る）。

❷1級または2級の障害厚生年金の受給権者が死亡したとき

この場合は❶のような保険料の納付要件は必要ありません。

❸受給資格期間25年以上を満たした人が死亡したとき

この場合は❶のような保険料の納付要件は必要ありません。

■厚生年金保険等の加入期間がある人は、下記のように受給資格期間を満たす特例があります

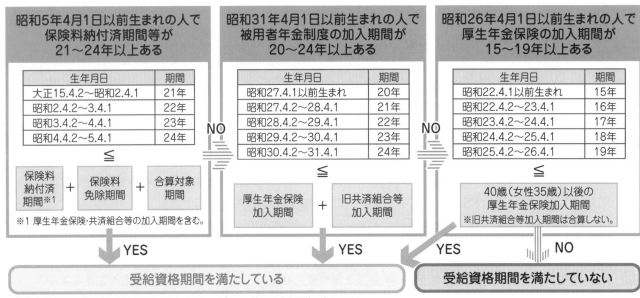

※厚生年金保険の加入期間等には離婚時の分割による「みなし被保険者期間」は含みません。
※坑内員、漁船員、共済組合員期間などの特例に該当する人は別の基準で資格期間を満たすことがあります。

妻（夫）の障害

　国民年金の第3号被保険者が1級または2級の障害の状態になったとき、保険料の納付要件を満たしていれば、障害基礎年金が受けられます。第3号被保険者の期間は自分で保険料を納めなくても保険料納付済期間とされます。また、昭和61年3月以前に国民年金に任意加入しなかった人で1・2級の障害に該当する人に「特別障害給付金」（71頁参照）を支給する制度があります。

学生の障害など

　学生納付特例や納付猶予の制度では、納付が猶予された保険料を10年以内に追納しない限り、実際の老齢基礎年金額には反映されません。ただし、学生納付特例等の期間中の事故等で1・2級の障害を負った場合、障害基礎年金が支給されます。また平成17年4月より、平成3年3月以前に国民年金に任意加入しなかった学生で1・2級の障害に該当する人に「特別障害給付金」（71頁参照）が支給されています。

受けられる給付は？

　公的年金には、老齢になったときの「老齢年金」、障害を負ったときの「障害年金」、死亡したときの「遺族年金」の3種類の給付があります。加入している年金制度と給付の関係は次のようになります。

■支給される年金の種類

　は国民年金から支給されます

項　　目		厚生年金保険加入者	国民年金加入者
老齢年金 老齢になったとき	60～64歳まで	特別支給の老齢厚生年金 ※1	繰上げ支給の老齢基礎年金
	65歳～	老齢厚生年金 老齢基礎年金	老齢基礎年金
障害年金 障害を負ったとき	日常生活が困難 （1・2級の障害）	障害厚生年金 障害基礎年金	障害基礎年金
	労働が困難 ※2 （3級の障害）	障害厚生年金	─
遺族年金 死亡したとき （遺族になったとき）	子※3のある妻※4 または子※3など	遺族厚生年金 遺族基礎年金	遺族基礎年金
	子※3のない妻など	遺族厚生年金	死亡一時金 または 寡婦年金

※1　昭和16年4月2日（女性は昭和21年4月2日）以後に生まれた人は定額部分の年金の支給開始年齢が生年月日に応じ段階的に61～64歳に引き上げられ、昭和28年4月2日（女性は昭和33年4月2日）以後に生まれた人は、報酬比例部分相当の年金の支給開始年齢が段階的に引き上げられていきます（25頁参照）。公務員厚年・私学厚年の支給開始年齢の引き上げは、男性・女性とも厚生年金保険の男性と同様に行われます。
※2　3級の障害より軽い障害の場合は、一時金として厚生年金保険より「障害手当金」が支給されます。
※3　「子」とは、未婚で「18歳到達年度の末日までの子」「20歳未満で1、2級の障害状態にある子」をいいます。
※4　遺族基礎年金については、子のある夫にも支給されます。
※　この他、短期在留外国人の脱退一時金があります。

2つ以上の年金が受けられる場合はいずれかを選択

　年金は「1人1年金」が原則となっています。例えば「障害基礎年金」を受けていた人が65歳になって「老齢基礎年金」を受けられる資格期間を満たしたときでも、「障害基礎年金」と「老齢基礎年金」の両方は受けられません。

　原則として、老齢基礎年金と老齢厚生年金のように「老齢」、あるいは「障害」「遺族」など、同じ支給事由の場合は併せて受けられます。また、老齢基礎年金と遺族厚生年金など、支給事由が異なっても併給される場合があります。

　平成18年4月からは障害年金について、保険料を納めたことが年金給付に反映されにくいしくみを改め、障害基礎年金（旧国民年金法の障害年金を含む）と老齢厚生年金や遺族厚生年金を同時に受けられるしくみになりました。これにより、併給ができる組合せは下表のようになっています。

■併給ができる組合せ

国民年金＼厚生年金	老齢厚生年金	障害厚生年金	遺族厚生年金
老齢基礎年金	〇	×	〇*
障害基礎年金	◎*	〇	◎*
遺族基礎年金	×	×	〇
旧国年法の障害年金	◎*	─	◎*

〇 併給されるもの
◎ 平成18年4月から併給されることとなったもの（*65歳以後併給されるもの）
× 併給されないもの
※平成19年4月以後の遺族厚生年金と老齢厚生年金の併給調整については、68頁参照。

2つ以上の年金を受けられるときは「年金受給選択申出書」を提出

　「老齢」を支給事由とする年金を受けている人が、「障害」や「遺族」など別の支給事由の年金が受けられるようになったときは、原則としてどちらか一方の年金を選択して受け、もう一方の年金は支給停止となります。「障害」や「遺族」を支給事由とする年金を受けている人に、異なる支給事由の年金を受ける権利が発生した場合も同様です。

　異なる支給事由の年金が受けられるようになった場合、「年金受給選択申出書」を提出します。

脱退一時金

（令和6年度）

　国民年金・厚生年金の給付である脱退一時金は、保険料を6ヵ月分以上納めた短期在留外国人が請求した場合に支給されます。令和3年4月に支給上限月数が36月から60月に引き上げられました。

　国民年金の脱退一時金は、第1号被保険者として国民年金保険料を納めた期間が保険料納付済期間に算入され、期間に応じ右表の額となっています。厚生年金の脱退一時金は、「平均標準報酬額×支給率」となっています。

月　数※1	国民年金脱退一時金額※2	厚生年金保険支給率※3
6月以上12月未満	50,940円	0.5
12月以上18月未満	101,880円	1.1
18月以上24月未満	152,820円	1.6
24月以上30月未満	203,760円	2.2
30月以上36月未満	254,700円	2.7
36月以上42月未満	305,640円	3.3
42月以上48月未満	356,580円	3.8
48月以上54月未満	407,520円	4.4
54月以上60月未満	458,460円	4.9
60月以上	509,400円	5.5

※1　国民年金では、保険料納付済期間（保険料4分の1免除期間は4分の3、半額免除期間は2分の1、4分の3免除期間は4分の1）を算入。厚生年金保険では、被保険者期間を算入。
※2　最後に保険料を納付した月が、令和6年4月～令和7年3月の場合。
※3　厚生年金保険の被保険者資格を喪失した月の前月が、令和3年4月以降の場合。令和3年3月以前の場合は、36月を上限として計算。

第1号被保険者の老齢年金

本項におきましては、昭和31年4月2日以後生まれの人の年金額を掲載しています（詳細は4～5頁参照）。

■老齢基礎年金の受給資格要件

老齢基礎年金を受けるために必要な期間 **受給資格期間** が「10年以上」あり、65歳に達していること。

受給資格期間

保険料納付済期間 + **保険料免除期間**※1（10頁参照） + **合算対象期間**※2 ≧ **10年**

※1 学生納付特例期間、納付猶予期間を含む。

※2 厚生年金保険、共済組合などの20歳未満または60歳以後の加入期間は合算対象期間（＝カラ期間→16頁参照）。

老齢基礎年金額の計算方法

老齢基礎年金は、20歳から60歳に達するまでの40年（480月）保険料を納めた場合に満額の年金額が支給され、保険料免除期間や未納期間がある場合、その月数に応じて減額されます。

ただし、国民年金制度は昭和36年4月に創設（保険料の納付開始）されたので、昭和16年4月1日までに生まれた人の場合、制度発足前に20歳以上だったため、60歳になるまでに480月の保険料を納付することができません。そこで、生年月日別に加入可能年数が定められており、加入可能年数（×月数）についてすべて保険料を納めていれば、480月保険料を納めたとみなされ、満額の老齢基礎年金（令和6年度は816,000円）が支給されます。

免除割合	給付割合	
	H21.3以前	H21.4以降
1/4	②5/6（1/2）	①7/8（3/8）
半額	④2/3（1/3）	③3/4（1/4）
3/4	⑥1/2（1/6）	⑤5/8（1/8）
全額	⑧1/3（0）	⑦1/2（0）

※保険料納付済期間以降、①～⑧の順に年金額を計算し、480月を超える期間については、（ ）の値で年金額を計算する。

816,000円 × 保険料納付済月数 ＋ 保険料免除月数×免除割合に応じた給付割合（上表参照）

（令和6年度の満額の老齢基礎年金額）

480月 → 昭和16.4.1以前に生まれた人は 加入可能年数×12月（下表参照）

■生年月日別の加入可能年数（カッコ内は月数）

昭和 9.4.2～昭和10.4.1	33年（396月）	昭和13.4.2～昭和14.4.1	37年（444月）
昭和10.4.2～昭和11.4.1	34年（408月）	昭和14.4.2～昭和15.4.1	38年（456月）
昭和11.4.2～昭和12.4.1	35年（420月）	昭和15.4.2～昭和16.4.1	39年（468月）
昭和12.4.2～昭和13.4.1	36年（432月）	昭和16.4.2～	40年（480月）

老齢基礎年金を繰上げ・繰下げ受給する場合

老齢基礎年金は本来65歳から支給されますが、60歳以後の希望する時点から繰り上げて受け始めることができます。また、66歳以後の希望する時点から繰り下げて受け始めることができます。繰り上げ（繰り下げ）て受給した場合、受け始める時点に応じて一定の割合で減額（増額）された年金を生涯受けることになります。支給開始は請求の翌月からです。

昭和16年4月1日以前生まれの人は、年単位で減額・増額されます。昭和16年4月2日以後生まれの人は、月単位で減額・増額されます。繰り上げした場合の1月あたり減額率は0.5%です。繰り下げした場合の増額率は0.7%です。

なお、令和4年4月以後、60歳に到達した人（昭和37年4月2日以後生まれ）が繰り上げする場合の1月あたり減額率は、0.4%に引き下げられました。また、令和4年4月以後、繰り下げする場合の上限年齢が70歳から75歳に引き上げられました（令和4年4月現在、70歳未満の人及び受給権発生日が平成29年4月1日以降の人に適用）。

■減額率

受給開始	昭和16.4.1以前生まれ	昭和16.4.2以後昭和37.4.1以前生まれ	昭和37.4.2以後生まれ
60歳	－42%	－30%	－24.0%
61歳	－35%	－24%	－19.2%
62歳	－28%	－18%	－14.4%
63歳	－20%	－12%	－9.6%
64歳	－11%	－6%	－4.8%

■増額率

受給開始	昭和16.4.1以前生まれ	昭和16.4.2以後生まれ
66歳	＋12%	＋ 8.4%
67歳	＋26%	＋16.8%
68歳	＋43%	＋25.2%
69歳	＋64%	＋33.6%
70歳	＋88%	＋42.0%
71歳	―	＋50.4%
72歳	―	＋58.8%
73歳	―	＋67.2%
74歳	―	＋75.6%
75歳	―	＋84.0%

※70歳以降への繰下げは、令和4年4月現在、70歳未満の人及び受給権発生日が平成29年4月1日以降の人に適用。

老齢基礎年金繰下げ支給の改善

平成17年3月までの老齢基礎年金の繰下げについては、繰下げ待期中に遺族年金など他の年金の受給権が発生した場合は、65歳までさかのぼって裁定請求を行うことにより、その時点までの支払われるべき老齢基礎年金額を一括支給していました。

平成17年4月からは、66歳に達した日以後の繰下げ待期中に他の年金の受給権が発生した場合は、65歳からの老齢基礎年金をさかのぼって裁定請求するか、他の年金の受給権発生時までの期間に対する繰下げ受給による増額された老齢基礎年金を裁定請求するか、受給権者自身が選択することができます。

Q&A

Q 老齢基礎年金の計算方法を教えてください。保険料納付済期間、免除期間、納付猶予期間、合算対象期間はどのように反映されますか?また、繰上げ、繰下げをした場合はどうなりますか?

A 老齢基礎年金は、以下の計算式で計算されます。

$$816,000円（令和6年度の満額の老齢基礎年金額） \times \frac{保険料納付済月数＋保険料免除月数×免除割合に応じた給付割合}{480月}$$

保険料免除月の給付割合は、前頁参照。

例1 ● 昭和16年4月2日以降生まれ ● 保険料納付済期間30年 ● 第3号被保険者期間5年
● 保険料（全額）免除期間3年（平成21年4月以降）・学生納付特例期間2年

$$816,000円 \times \frac{30年×12月＋5年×12月＋3年×12月×1/2}{480} = 744,600円$$

例2 ● 昭和16年4月2日以降生まれ ● 国民年金保険料納付済期間20年 ● 第3号被保険者期間5年
● 保険料（全額）免除期間5年（平成21年4月以降）・保険料（半額）免除期間8年（平成21年4月以降）
● 学生納付特例期間2年

$$816,000円 \times \frac{20年×12月＋5年×12月＋5年×12月×1/2＋8年×12月×3/4}{480} = 683,400円$$

例3 例1の計算例において、60歳まで繰り上げた場合と70歳、75歳まで繰り下げた場合の例。

● 60歳まで繰り上げた場合
・昭和16.4.2以後昭和37.4.1以前生まれ
744,600円×（100−30）%＝521,220円

・昭和37.4.2以後生まれ
744,600円×（100−24）%＝565,896円

● 70歳まで繰り下げた場合
744,600円×（100＋42）%＝1,057,332円

● 75歳まで繰り下げた場合
744,600円×（100＋84）%＝1,370,064円

第1号被保険者独自の制度

本項におきましては、昭和31年4月2日以後生まれの人の年金額を掲載しています（詳細は4〜5頁参照）。

　国民年金の給付には、第1号被保険者、第2号被保険者、第3号被保険者に共通して支給される3つの「基礎年金」（老齢・障害・遺族）と自営業者など第1号被保険者独自の給付があります。

　その他に、昭和61年3月31日以前の旧国民年金法が適用される人への年金給付と、国民年金制度が発足した時点ですでに高齢であった人に支給している「老齢福祉年金」があります。

付加年金と付加保険料

　1ヵ月につき付加保険料400円を納めた人は、200円×付加保険料納付月数で計算した年金額が老齢基礎年金に加えて支給されます。平成26年4月より、過去2年分までさかのぼって納付可能となりました。

寡婦年金（請求は市区町村に「年金請求書（国民年金寡婦年金）」を提出）

　第1号被保険者として保険料を納めた期間と保険料を免除された期間が10年以上ある夫（障害基礎年金の支給を受けたことがない人）が、老齢基礎年金を受けずに死亡した場合、夫の死亡当時生計維持関係にあり、かつ、10年以上継続した婚姻期間がある妻（事実上の婚姻関係を含む）に対して60歳以上65歳未満の間に支給されます。

> 寡婦年金の額 ＝ 夫が受けられるはずであった老齢基礎年金額 × $\frac{3}{4}$
> （第1号被保険者であった期間についての額が対象）

※妻が老齢基礎年金を繰上げ受給した場合は受けられません。

死亡一時金（請求は市区町村に「国民年金死亡一時金請求書」を提出）

　第1号被保険者として国民年金保険料を納めた期間が36月以上の人が、年金を受けないまま死亡したとき、一定の遺族に支給されます。4分の1免除を受けていた期間についてはその期間の月数の4分の3が保険料納付済期間に算入されます。また同様に半額免除を受けていた期間は2分の1が、4分の3免除を受けていた期間は4分の1が算入されます。

■保険料納付済期間の月数に応じた死亡一時金額

保険料納付済期間の月数	死亡一時金の額
36月以上180月未満	120,000円
180月以上240月未満	145,000円
240月以上300月未満	170,000円
300月以上360月未満	220,000円
360月以上420月未満	270,000円
420月以上	320,000円

※付加保険料を36月以上納付している場合、8,500円が加算されます。
※寡婦年金と死亡一時金の両方を受けることができる場合は、どちらか一方を選択することになります。

※失踪宣告を受けた者の死亡一時金の請求期間については、原則「失踪宣告の審判の確定日の翌日から2年以内」に変更されました。

年金生活者支援給付金法

　令和元年10月より、老齢基礎年金の受給者のうち、所得額が一定の基準※を下回る者に、国民年金の納付済期間及び保険料免除期間を基礎とした老齢年金生活者支援給付金が支給されています。また、所得が逆転しないよう、下記の所得基準を上回る一定の者に、国民年金の保険料納付済期間を基礎とした補足的老齢年金生活者支援給付金が支給されています。

　障害基礎年金または遺族基礎年金の受給者のうち所得額が一定の基準を下回る者に、令和6年度は月額5,310円（1級の障害基礎年金受給者は6,638円）の障害年金生活者支援給付金または遺族年金生活者支援給付金が支給されます。

※住民税が家族全員非課税で、前年の年金収入＋その他所得の合計額が政令で定める額以下であること（毎年10月に見直しされる）。

老齢年金生活者支援給付金

●支給要件　①65歳以上の老齢基礎年金の受給者であること

　　　　　②前年の公的年金等の収入金額とその他の所得との合計額が、政令で定める額※1以下であること

　　　　　③同一世帯の全員が市町村税非課税であること

　　　　　※1　令和6年4月現在878,900円（878,900円〜778,901円の場合は下記のⒶの給付額に調整支給率を乗じた給付金額（補足的老齢年金生活者支援給付金）となります）。

●給付額　Ⓐ保険料納付済期間に基づく給付額（月額）＝5,310円※2　×　保険料納付済期間（月数）／480月
　　　　　※2　毎年度、物価変動に応じて改定。

　　　　　Ⓑ保険料免除期間に基づく給付額（月額）＝11,333円※3　×　保険料免除期間（月数）／480月
　　　　　※3　老齢基礎年金満額（月額）の1/6の額。保険料1/4免除期間の場合は、老齢基礎年金満額（月額）の1/12の額（5,666円）。

年金額の改定について

令和6年度の年金額改定について

国から支給される年金等は、物価や賃金などの変動にあわせて、毎年度改定されています。

令和5年の対前年消費者物価指数(物価変動率)は3.2%となり、対前年度名目手取り賃金変動率[1]は3.1%となりました。この結果「物価変動率、名目手取り賃金変動率がともにプラスで、物価変動率が名目手取り賃金変動率を上回る」という状態になりました。この場合、右下の表のように年金を受け始める際の新規裁定者・受給中の既裁定者[2]ともに、賃金変動率(3.1%)で改定[3]されます。さらに、マクロ経済スライド(-0.4%)による調整が行われるため、新規裁定者・既裁定者ともに2.7%で改定されます。

ただし、既裁定者のうち69歳以上(昭和31年4月1日以前生まれ)の者は、令和5年度の年金額をベースに改定されるため、新規裁定者とは金額が異なります。

※1 名目手取り賃金変動率=物価変動率×実質賃金変動率×可処分所得割合変化率
    (3.1%)   (3.2%)   (▲0.1%)   (0.0%)

※2 68歳に達する年度以後の年金額。

※3 厚生年金(報酬比例部分)については、被保険者期間が直近の期間のみの方など、すべての方が3.1%となるわけではありません。

■令和6年度の主な年金額等

項 目		年金額等
老齢基礎年金	A	816,000円
	B	813,700円
障害基礎年金 (1級)	A	1,020,000円
	B	1,017,125円
障害基礎年金 (2級)	A	816,000円
	B	813,700円
遺族基礎年金	A	816,000円
	B	813,700円
子の加算額 (1人目・2人目)		234,800円
子の加算額 (3人目以降)		78,300円
配偶者加給年金額		234,800円
遺族厚生年金の中高齢寡婦加算額		612,000円

A：昭和31年4月2日以後生まれの人。
B：昭和31年4月1日以前生まれの人。

年金額改定のしくみ

国から支給される年金等は、物価や賃金などの変動にあわせて毎年度改定されます。これは、年金受給者世代に対して、物価上昇により年金額の実質的な価値が低下しないようにするためのしくみです。

年金額の改定は、原則、以下の方法で行われています。

①年金を受給し始める者(新規裁定者)は、賃金変動率により改定
②年金を受給している者(既裁定者※)は、物価変動率により改定
※68歳に達する年度以降の受給者。

■年金額改定(スライド)のルール

		物価変動率マイナス		物価変動率プラス	
賃金変動率プラス		新規裁定者：賃金スライド 既裁定者：物価スライド		物価<賃金	新規裁定者：賃金スライド 既裁定者：物価スライド
				物価>賃金	新規裁定者：賃金スライド 既裁定者：賃金スライド
賃金変動率マイナス	物価<賃金	新規裁定者：賃金スライド 既裁定者：物価スライド		新規裁定者：賃金スライド 既裁定者：賃金スライド	
	物価>賃金	新規裁定者：賃金スライド 既裁定者：賃金スライド ※令和3年4月より変更。		※令和3年4月より変更。	

マクロ経済スライドとは？

●導入の経緯としくみ

公的年金制度は、世代間扶養のしくみで運営されており、現役世代が納めた保険料がその時の給付にあてられます。

ただし、年金額の伸びに応じて保険料率を引き上げ続けることはできないため、平成16年の改正において、保険料水準を引き上げる上限を法律で定め、国の負担割合を引き上げることや積立金を活用していくことなどが決まりました。一方、年金財政を長期的に安定させるには、保険料等の収入の範囲内で給付を行う必要があるため、給付水準を一定期間調整することとなりました。

具体的には、5年に一度行う財政検証の際、おおむね100年後に年金給付費の1年分の積立金を保有することができるよう、年金額の伸びを抑制する期間である「調整期間」を設定します。調整期間中は、年金額の伸びから「スライド調整率※」を差し引いて、年金額を改定します。このしくみを「マクロ経済スライド」といいます。その後の財政検証で、年金財政の収支バランスが取れると見込まれる場合には、調整期間を終了します。

※スライド調整率=「公的年金全体の被保険者の減少率」+「平均余命の伸びを勘案した一定率」。令和6年度は▲0.4%。

●年金額の伸びを抑制するしくみ

令和5年4月現在、マクロ経済スライドによる年金額の伸びの抑制は、「名目額」を下回らない範囲で行うこととなっています。つまり、賃金・物価が下落した場合、または上昇率が低い場合は、マクロ経済スライドが行われません。詳しくは、右記の図をご覧ください。

令和6年度は賃金変動率が3.1%となったため、マクロ経済スライドによる調整(-0.4%)が行われます。そのため令和6年度の年金額は、新規裁定者・既裁定者ともに2.7%で改定されます。

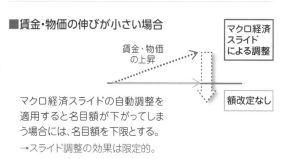

■賃金・物価が上昇した場合

マクロ経済スライドの調整が適用され、給付の伸びが抑制される。
→スライド調整率分の年金額調整が行われる。

■賃金・物価の伸びが小さい場合

マクロ経済スライドの自動調整を適用すると名目額が下がってしまう場合には、名目額を下限とする。
→スライド調整の効果は限定的。

■賃金・物価が下落した場合

賃金・物価の下落率分は、年金額を引き下げるが、それ以上は引き下げない。
→スライド調整の効果はない。

厚生年金保険加入者の老齢年金

本項におきましては、昭和31年4月2日以後生まれの人の年金額を掲載しています（詳細は4〜5頁参照）。

定額部分を基礎年金に移行

　昭和60年の年金改正で、昭和61年4月から、それまで分立されていた厚生年金保険、自営業者等の国民年金、公務員等の共済年金の「基礎的・生活保障的」部分の給付が「国民年金からの基礎年金」に統一されました。

　従来の厚生年金保険の給付「定額部分」を「新国民年金」からの「老齢基礎年金」に移行。「報酬比例部分」を「老齢厚生年金」に移行し、「定額単価」と「報酬比例部分の給付乗率」について、段階的に引き下げ、年金支給開始年齢を段階的に65歳に引き上げる経過期間中にあります。

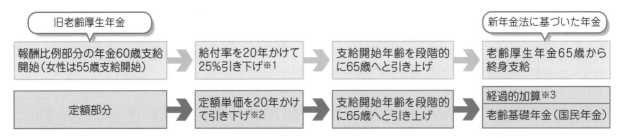

※1　1000分の10から1000分の7.5に引き下げ（平成12年の年金改正で給付率を5%適正化したため生年月日により1000分の9.5〜1000分の7.125となり、平成15年4月からの総報酬制導入でさらに1.3で除した給付乗率となっている）
※2　1,701円（＝1,628円×1.045）×1.875〜1.000（31頁参照）
※3　厚生年金保険の被保険者期間について、定額部分の額が老齢基礎年金額を上回る差額（下記「経過的加算額」参照）で、厚生年金から支給されます。

法律上の支給開始年齢は65歳

●段階的に支給開始年齢を引き上げ

　法律上、老齢厚生年金の支給開始年齢は65歳となっています。ただし、法律改正時に支給開始年齢の引き上げを決定した際、経過措置として生年月日・性別により60歳代前半にも年金を支給し、段階的に65歳に引き上げることとしました。

　右頁の図のように、昭和16年4月2日以降生まれの男性（女性は昭和21年4月2日以降生まれ）から、定額部分の支給開始年齢が引き上げられています。また昭和28年4月2日以降生まれの男性（同33年4月2日以降生まれ）から報酬比例部分相当の支給開始年齢が引き上げられ、昭和36年4月2日以降生まれの男性（同41年4月2日以降生まれ）からは法律上の支給開始年齢である65歳から老齢厚生年金、老齢基礎年金が支給されることとなります。

　60歳代前半の特別支給の老齢厚生年金（定額部分＋報酬比例部分、または報酬比例部分）は、老齢基礎年金の受給資格期間を満たし、厚生年金保険の被保険者期間（旧共済年金加入期間を含む）が1年以上あるときに受けられます。

●定額部分の年金または老齢基礎年金が支給される年齢から加給年金額が加算される

　厚生年金保険の被保険者期間[1]が20年以上（または男性40歳（女性は35歳）以後、15〜19年の特例の期間：18頁参照）ある年金受給権者に恒常的な年収が850万円未満の65歳未満の配偶者または子[2]がある場合、定額部分の年金または老齢基礎年金が支給される時期から加給年金額が併せて支給されます（32頁及び裏表紙の配偶者の加給年金額参照）。

※1　旧共済加入期間を含む。
※2　「子」とは、未婚で「18歳到達年度の末日までの子」「20歳未満で1、2級の障害状態にある子」をいいます。

▼60歳〜64歳	▼65歳から
報酬比例部分	老齢厚生年金
定額部分	経過的加算額
	老齢基礎年金

▲60歳〜64歳

加給年金額＋特別加算

▲配偶者が65歳に到達

●経過的加算額（定額部分の年金額と老齢基礎年金額の差額）

　経過的加算額とは、「定額部分の年金額」−「老齢基礎年金相当額」です。定額部分の年金額には、20歳未満、60歳以後の厚生年金保険加入期間（生年月日による上限あり）も反映されます。老齢基礎年金の額に反映される期間は、昭和36年4月以後で20歳以上60歳未満の厚生年金保険加入期間です。

$$経過的加算額 = 定額部分の年金額 - 816{,}000円 \times \frac{昭和36年4月以後で20歳以上60歳未満の厚生年金保険被保険者月数}{加入可能年数 \times 12（月）}$$

（31頁参照）　（令和6年度の満額の老齢基礎年金額）

老齢年金の支給開始時期

性別・生年月日によって異なる支給開始年齢（一般厚年の場合）

■昭和24年（女性は29年）4月1日以前に生まれた人には60歳代前半に報酬比例部分相当の年金と
特別支給の老齢厚生年金（定額部分と報酬比例部分）が支給される期間があります。

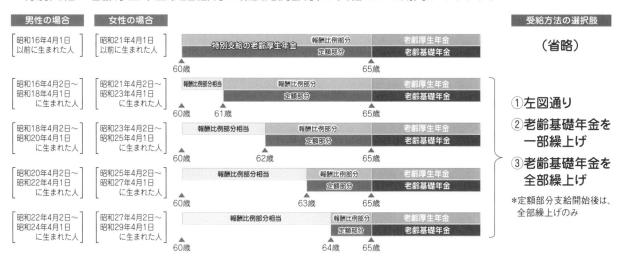

■昭和36年（女性は41年）4月1日以前に生まれた人には60歳代前半に報酬比例部分相当の
老齢厚生年金が支給される期間があります（定額部分の年金はありません）。

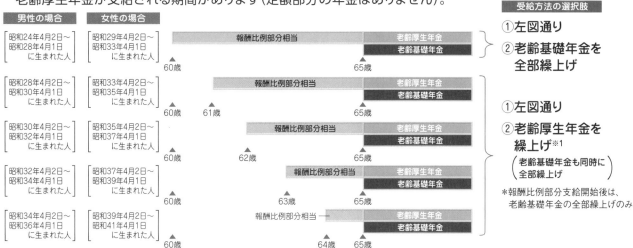

■昭和36年（女性は41年）4月2日以後に生まれた人には65歳から老齢厚生年金と老齢基礎年金が
支給されます（報酬比例部分相当の年金・特別支給の老齢厚生年金はありません）。

※1 46頁参照

●支給開始年齢の特例（一般厚年の場合）

特例により、定額部分の支給開始年齢が上記と異なる場合があります。次の方の場合、報酬比例部分相当が支給されると、定額部分、加給年金額についても支給開始となります。

・障害等級（3級以上）に該当している退職している障害者（厚生年金保険法附則第9条の2）
　※加給年金額は条件を満たしている場合（32頁参照）のみ支給されます。

・一般厚年の被保険者期間が44年以上で退職している長期加入者（厚生年金保険法附則第9条の3）
　※昭和28年（女性は33年）4月2日以後に生まれた長期加入者は、報酬比例部分の引き上げと連動して定額部分も段階的に引き上げられます。

・坑内員・船員であった被保険者期間が15年以上である者（厚生年金保険法附則第9条の4）
　※昭和21年4月2日以後に生まれた人から、定額部分・報酬比例部分ともに段階的に60歳へと引き上げられています。
　※昭和33年4月2日以後に生まれた人から、定額部分・報酬比例部分ともに段階的に65歳へと引き上げられています。

報酬比例部分の計算方法

加入中の報酬額に比例した年金

60歳代前半に支給される「特別支給の老齢厚生年金」の報酬比例部分の年金額は、平成15年3月以前の期間については、標準報酬月額の平均額(平均標準報酬月額)に基づいて計算されます。標準報酬月額と標準賞与額に同じ保険料率が乗じられる総報酬制が導入された平成15年4月以降の期間については、標準報酬月額の総額と標準賞与額の総額を平成15年4月以降の被保険者期間で除した額(平均標準報酬額)に基づいて年金額が計算されます。

65歳から支給される老齢厚生年金額も同様の方法で計算されます。

平成16年年金改正後の本来の計算式は下記のとおりですが、現在は次頁のように計算された額が比較され支給されています。これは、平成12年年金改正前の計算式で計算された年金額と比較して高い方の額を支給するという「従前額保障」の経過措置によるものです。計算式により、使用する再評価率や物価スライド率が異なります。

■60歳以降に受ける老齢年金

26〜27頁では、この部分の計算方法について説明します。

報酬比例部分	老齢厚生年金
定額部分	老齢基礎年金

▲60歳　▲60歳〜64歳　▲65歳　終身

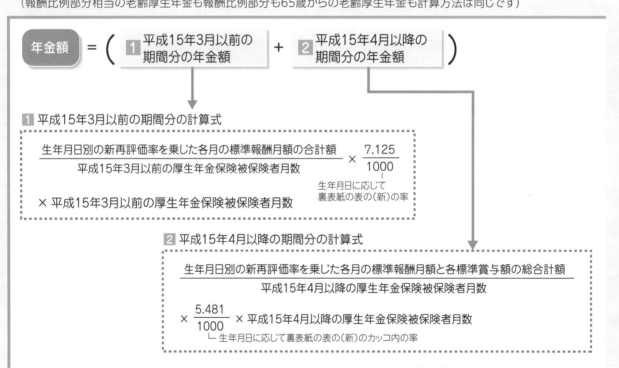

■総報酬制導入前後にわたる被保険者期間のある人の報酬比例部分の「本来の」計算式
(報酬比例部分相当の老齢厚生年金も報酬比例部分も65歳からの老齢厚生年金も計算方法は同じです)

年金額 = (① 平成15年3月以前の期間分の年金額 + ② 平成15年4月以降の期間分の年金額)

① 平成15年3月以前の期間分の計算式

$$\frac{\text{生年月日別の新再評価率を乗じた各月の標準報酬月額の合計額}}{\text{平成15年3月以前の厚生年金保険被保険者月数}} \times \frac{7.125}{1000}$$

└ 生年月日に応じて裏表紙の表の(新)の率

$$\times \text{平成15年3月以前の厚生年金保険被保険者月数}$$

② 平成15年4月以降の期間分の計算式

$$\frac{\text{生年月日別の新再評価率を乗じた各月の標準報酬月額と各標準賞与額の総合計額}}{\text{平成15年4月以降の厚生年金保険被保険者月数}}$$

$$\times \frac{5.481}{1000} \times \text{平成15年4月以降の厚生年金保険被保険者月数}$$

└ 生年月日に応じて裏表紙の表の(新)のカッコ内の率

従前額保障・マクロ経済スライド・物価スライドと老齢厚生年金

平成12年の年金改正では、老齢厚生年金(報酬比例部分)の給付乗率が5%適正化(減額)されましたが、適正化前の計算式で計算された年金額と比較して多い方の額を支給するという「従前額保障」の経過措置があります。

また以前は5年ごとの財政再計算による法律改正ごとに再評価率が改定され、次の法律改正までは物価の変動により年金額を改定する物価スライド制をとっていましたが、平成16年年金改正により、毎年度再評価率等が改定され、年金額が変動するしくみになりました。

老齢厚生年金(報酬比例部分)は、これらを加味し、次頁のような計算を行うこととなります。

報酬比例部分（老齢厚生年金）の計算式

下記の❶、❷の式で計算した額を比べ、高い方が年金額となります。

❶本来水準（給付乗率は新の率、再評価率は毎年度改定）※前年度額保障の特例もあります。

■平成15年3月以前の被保険者期間

新再評価率※により計算した平均標準報酬月額 × 新給付乗率 × 被保険者月数

$$\frac{9.5}{1000} \sim \frac{7.125}{1000}（裏表紙の（新））$$

+

■平成15年4月以降の被保険者期間

新再評価率※により計算した平均標準報酬額 × 新給付乗率 × 被保険者月数

$$\frac{7.308}{1000} \sim \frac{5.481}{1000}（裏表紙の（新）カッコ内）$$

※新再評価率＝毎年度改定される再評価率。マクロ経済スライドによる改定あるいは物価スライド・名目手取り賃金を加味した再評価率（30頁参照）。

❷本来のスライドによる従前保障額（給付乗率は旧の率、再評価率は平成6年水準）

■平成15年3月以前の被保険者期間

旧再評価率※により計算した平均標準報酬月額 × 旧給付乗率 × 被保険者月数

$$\frac{10}{1000} \sim \frac{7.5}{1000}（裏表紙の（旧））$$

+

■平成15年4月以降の被保険者期間

旧再評価率※により計算した平均標準報酬額 × 旧給付乗率 × 被保険者月数

$$\frac{7.692}{1000} \sim \frac{5.769}{1000}（裏表紙の（旧）カッコ内）$$

× 従前額改定率

1.043：令和6年度
〔1.016×1.027≒1.043〕

昭和13年4月2日以降生まれは
1.041：令和6年度
〔1.014×1.027≒1.041〕

※旧再評価率＝平成6年改正時の再評価率。平成6年以後の期間については平成6年水準に再評価する。

老齢厚生年金の計算❷
報酬比例部分の計算例

■ 昭和39年4月2日生まれの男性Aさんの場合

厚生年金被保険者期間
- 平成15年3月までの期間　17年（204月）
- 平成15年4月からの期間　21年（252月）

平均標準報酬月額 （平成15年3月までの期間）	新再評価	352,000円
	旧再評価	338,000円
平均標準報酬額 （平成15年4月からの期間）	新再評価	616,000円
	旧再評価	578,000円

※下記の計算例は端数処理を最後のみ行った額です。実際には計算途中での端数処理も行います。

※下記の計算例では、算出額の1円未満を四捨五入しています。平成27年10月以降に受給権発生または年金額改定の場合、1円未満を四捨五入する方法に変更されました。

---

❶本来水準（平成16年改正後の水準）
物価スライド等は標準報酬の再評価をする時点で組み込まれます。※前年度額保障の特例もあります。

■平成15年3月までの期間

$$352,000円 \times \frac{7.125}{1000} \times 204月 = 511,632円 \cdots Ⓐ$$

生年月日による乗率
裏表紙－報酬比例部分の乗率（新）

■平成15年4月からの期間

$$616,000円 \times \frac{5.481}{1000} \times 252月 = 850,826.592円 \cdots Ⓑ$$

生年月日による乗率
裏表紙－報酬比例部分の乗率（新カッコ内）

Ⓐ ＋ Ⓑ ≒ 1,362,459円

❶の式の老齢厚生年金の額

1,362,459円

---

❷本来のスライドによる従前保障額（平成6年水準×本来の物価スライド）
特例により据え置かれた物価スライド分を除く本来の物価スライドによる平成12年改正（5%適正化）前の保障額です。

■平成15年3月までの期間

$$338,000円 \times \frac{7.5}{1000} \times 204月 = 517,140円 \cdots Ⓐ$$

生年月日による乗率
裏表紙－報酬比例部分の乗率（旧）

■平成15年4月からの期間

$$578,000円 \times \frac{5.769}{1000} \times 252月 = 840,289.464円 \cdots Ⓑ$$

生年月日による乗率
裏表紙－報酬比例部分の乗率（旧カッコ内）

（Ⓐ ＋ Ⓑ）× 1.041 ≒ 1,413,084円

従前額改定率

❷の式の老齢厚生年金の額

1,413,084円

❶、❷で計算した額を比べ、❷の額の方が高くなるので、Aさんの老齢厚生年金の額は1,413,084円となります。

標準報酬と再評価

　再評価とは、過去の標準報酬(標準賞与)を現在あるいは定めた時点の価値(賃金水準)に置きかえることです。下記の例のように、昭和50年4月時点の11万円をそのまま年金額計算に用いると年金額は低くなりますが、再評価することにより、現在の賃金水準で年金額が計算されます。

　なお、再評価率は平成16年改正前は5年に一度、見直されていましたが、改正後は名目手取り賃金変動率や物価スライド率(マクロ経済スライド調整期間中は調整率)を加味し、毎年見直されることとなりました。

　再評価率は❶平成16年改正後の再評価率(毎年改定)または❷平成6年改正時の再評価率(改定されない、平成17年4月以降は政令で定める)を用います。

❶本来水準の再評価…新再評価率(30頁参照)で再評価。
❷従前保障額の再評価…旧再評価率(30頁参照)で再評価。

例　昭和54年4月～昭和55年9月の間
　　標準報酬月額11万円の人の例(昭和32年4月2日以後生まれ)

❶の場合
110,000円×1.794=197,340円
　　　　　　　│
　　　　　　新再評価率

❷の場合
110,000円×1.620=178,200円
　　　　　　　│
　　　　　平成6年水準再評価率

平均標準報酬月額・平均標準報酬額

　平成15年3月以前の期間は、その期間の標準報酬月額を再評価したものの合計を平成15年3月以前の被保険者期間で除したものを「平均標準報酬月額」とし、年金額計算に用います。

　平成15年4月以後の期間は、その期間の標準報酬月額と標準賞与額を再評価したものの合計を平成15年4月以後の被保険者期間で除したものを「平均標準報酬額」とし、年金額計算に用います。

標準報酬の再評価率表

対象となる被保険者期間 ＼ 生年月日	新再評価率										旧再評価率
	昭5.4.1以前	昭5.4.2～昭6.4.1	昭6.4.2～昭7.4.1	昭7.4.2～昭8.4.1	昭8.4.2～昭10.4.1	昭10.4.2～昭11.4.1	昭11.4.2～昭12.4.1	昭12.4.2～昭13.4.1	昭13.4.2～昭31.4.1	昭31.4.2以後	平成6年改正
昭32.10～昭33.3	14.563	14.711	15.025	15.102	15.102	15.165	15.273	15.400	15.414	15.459	13.960
昭33.4～昭34.3	14.250	14.392	14.705	14.776	14.776	14.837	14.946	15.068	15.081	15.126	13.660
昭34.4～昭35.4	14.052	14.192	14.497	14.572	14.572	14.634	14.738	14.858	14.874	14.918	13.470
昭35.5～昭36.3	11.622	11.739	11.989	12.052	12.052	12.100	12.186	12.289	12.300	12.337	11.140
昭36.4～昭37.3	10.746	10.853	11.084	11.142	11.142	11.188	11.271	11.360	11.373	11.407	10.300
昭37.4～昭38.3	9.701	9.801	10.009	10.060	10.060	10.102	10.177	10.259	10.270	10.301	9.300
昭38.4～昭39.3	8.910	8.994	9.195	9.239	9.239	9.277	9.345	9.421	9.429	9.457	8.540
昭39.4～昭40.4	8.188	8.270	8.451	8.491	8.491	8.526	8.589	8.659	8.668	8.694	7.850
昭40.5～昭41.3	7.166	7.237	7.395	7.431	7.431	7.461	7.515	7.579	7.584	7.606	6.870
昭41.4～昭42.3	6.584	6.649	6.789	6.826	6.826	6.853	6.903	6.960	6.966	6.987	6.310
昭42.4～昭43.3	6.403	6.470	6.611	6.645	6.645	6.670	6.719	6.772	6.777	6.797	6.140
昭43.4～昭44.10	5.665	5.723	5.843	5.875	5.875	5.898	5.940	5.989	5.996	6.013	5.430
昭44.11～昭46.10	4.329	4.373	4.467	4.490	4.490	4.510	4.541	4.578	4.582	4.596	4.150
昭46.11～昭48.10	3.755	3.793	3.874	3.894	3.894	3.911	3.941	3.972	3.976	3.988	3.600
昭48.11～昭50.3	2.753	2.779	2.842	2.856	2.856	2.867	2.889	2.915	2.918	2.926	2.640
昭50.4～昭51.7	2.347	2.370	2.424	2.435	2.435	2.445	2.465	2.481	2.483	2.490	2.250
昭51.8～昭53.3	1.940	1.961	2.003	2.013	2.013	2.021	2.034	2.051	2.053	2.059	1.860
昭53.4～昭54.3	1.783	1.802	1.840	1.851	1.851	1.859	1.872	1.887	1.888	1.894	1.710
昭54.4～昭55.9	1.690	1.707	1.742	1.751	1.751	1.758	1.771	1.786	1.788	1.794	1.620
昭55.10～昭57.3	1.523	1.538	1.572	1.580	1.580	1.586	1.596	1.608	1.610	1.615	1.460
昭57.4～昭58.3	1.448	1.466	1.497	1.505	1.505	1.511	1.521	1.533	1.534	1.538	1.390
昭58.4～昭59.3	1.400	1.414	1.442	1.448	1.448	1.455	1.467	1.480	1.481	1.485	1.340
昭59.4～昭60.9	1.346	1.361	1.389	1.396	1.396	1.403	1.413	1.424	1.424	1.429	1.290
昭60.10～昭62.3	1.273	1.284	1.313	1.319	1.319	1.325	1.335	1.346	1.347	1.352	1.220
昭62.4～昭63.3	1.241	1.254	1.280	1.286	1.286	1.291	1.300	1.311	1.313	1.317	1.190
昭63.4～平1.11	1.210	1.221	1.249	1.255	1.255	1.260	1.269	1.279	1.280	1.284	1.160
平1.12～平3.3	1.138	1.148	1.173	1.178	1.178	1.183	1.192	1.202	1.203	1.206	1.090
平3.4～平4.3	1.085	1.097	1.120	1.126	1.126	1.131	1.139	1.147	1.148	1.151	1.040
平4.4～平5.3	1.054	1.064	1.087	1.093	1.093	1.098	1.107	1.115	1.116	1.119	1.010
平5.4～平6.3	1.033	1.043	1.065	1.071	1.071	1.076	1.083	1.092	1.093	1.096	0.990
平6.4～平7.3	1.025	1.025	1.045	1.051	1.051	1.055	1.062	1.071	1.071	1.075	0.990
平7.4～平8.3	1.024	1.024	1.024	1.029	1.029	1.033	1.040	1.049	1.050	1.053	0.990
平8.4～平9.3	1.020	1.020	1.020	1.015	1.015	1.020	1.028	1.036	1.037	1.040	0.990
平9.4～平10.3	0.998	0.998	0.998	0.998	1.001	1.005	1.013	1.023	1.024	1.027	0.990
平10.4～平11.3	0.992	0.992	0.992	0.992	0.992	0.996	1.001	1.010	1.011	1.014	0.990
平11.4～平12.3	0.995	0.995	0.995	0.995	0.995	0.995	1.000	1.009	1.010	1.013	0.990
平12.4～平13.3	1.000	1.000	1.000	1.000	1.000	1.000	1.000	1.009	1.010	1.013	0.917
平13.4～平14.3	1.007	1.007	1.007	1.007	1.007	1.007	1.007	1.007	1.009	1.012	0.917
平14.4～平15.3	1.017	1.017	1.017	1.017	1.017	1.017	1.017	1.017	1.015	1.018	0.917
平15.4～平16.3	1.022	1.022	1.022	1.022	1.022	1.022	1.022	1.022	1.018	1.021	0.917
平16.4～平17.3	1.023	1.023	1.023	1.023	1.023	1.023	1.023	1.023	1.020	1.022	0.917
平17.4～平18.3	1.024	1.024	1.024	1.024	1.024	1.024	1.024	1.024	1.022	1.024	0.923
平18.4～平19.3	1.024	1.024	1.024	1.024	1.024	1.024	1.024	1.024	1.022	1.024	0.926
平19.4～平20.3	1.022	1.022	1.022	1.022	1.022	1.022	1.022	1.022	1.018	1.021	0.924
平20.4～平21.3	1.003	1.003	1.003	1.003	1.003	1.003	1.003	1.003	1.001	1.004	0.924
平21.4～平22.3	1.016	1.016	1.016	1.016	1.016	1.016	1.016	1.016	1.014	1.017	0.914
平22.4～平23.3	1.023	1.023	1.023	1.023	1.023	1.023	1.023	1.023	1.020	1.022	0.927
平23.4～平24.3	1.025	1.025	1.025	1.025	1.025	1.025	1.025	1.025	1.023	1.025	0.934
平24.4～平25.3	1.026	1.026	1.026	1.026	1.026	1.026	1.026	1.026	1.024	1.027	0.937
平25.4～平26.3	1.028	1.028	1.028	1.028	1.028	1.028	1.028	1.028	1.026	1.029	0.937
平26.4～平27.3	0.998	0.998	0.998	0.998	0.998	0.998	0.998	0.998	0.996	0.999	0.932
平27.4～平28.3	0.993	0.993	0.993	0.993	0.993	0.993	0.993	0.993	0.991	0.994	0.909
平28.4～平29.3	0.996	0.996	0.996	0.996	0.996	0.996	0.996	0.996	0.994	0.997	0.909
平29.4～平30.3	0.992	0.992	0.992	0.992	0.992	0.992	0.992	0.992	0.990	0.993	0.910
平30.4～平31.3	0.983	0.983	0.983	0.983	0.983	0.983	0.983	0.983	0.981	0.984	0.910
平31.4～令2.3	0.980	0.980	0.980	0.980	0.980	0.980	0.980	0.980	0.978	0.981	0.903
令2.4～令3.3	0.980	0.980	0.980	0.980	0.980	0.980	0.980	0.980	0.978	0.978	0.899
令3.4～令4.3	0.983	0.983	0.983	0.983	0.983	0.983	0.983	0.983	0.981	0.981	0.900
令4.4～令5.3	0.958	0.958	0.958	0.958	0.958	0.958	0.958	0.958	0.956	0.956	0.904
令5.4～令6.3	0.928	0.928	0.928	0.928	0.928	0.928	0.928	0.928	0.926	0.926	0.879
令6.4～令7.3	0.928	0.928	0.928	0.928	0.928	0.928	0.928	0.928	0.926	0.926	0.853

定額部分の計算方法

本項におきましては、昭和31年4月2日以後生まれの人の年金額を掲載しています(詳細は4～5頁参照)。

定額部分は被保険者期間に応じた年金

定額部分の年金は、厚生年金保険に1年以上加入していた昭和24年4月1日以前生まれの男性、昭和29年4月1日以前生まれの女性が65歳になる前(25頁参照)に受けられる年金です※。65歳からは老齢基礎年金に切り替わります。また、老齢基礎年金額を超えていた額が経過的加算額(24頁参照)として支給されます。

定額部分の年金額は、厚生年金保険被保険者期間中の報酬に関係なく、厚生年金保険被保険者期間に応じて下記のように計算されます。

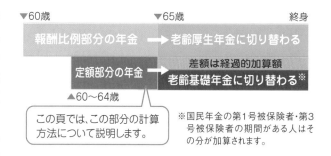

この頁では、この部分の計算方法について説明します。

※国民年金の第1号被保険者・第3号被保険者の期間がある人はその分が加算されます。

※昭和36年4月1日以前生まれの男性、昭和41年4月1日以前生まれの女性で障害者・長期加入者の人、昭和41年4月1日以前生まれの船員・坑内員の人は65歳前に定額部分を受けられる期間があります。

■定額部分の本来の計算式

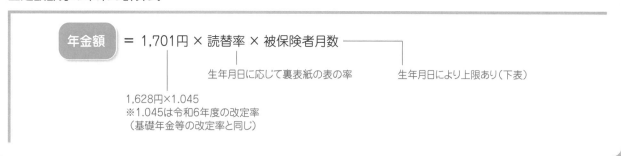

年金額 ＝ 1,701円 × 読替率 × 被保険者月数

1,628円×1.045
※1.045は令和6年度の改定率
(基礎年金等の改定率と同じ)

生年月日に応じて裏表紙の表の率

生年月日により上限あり(下表)

被保険者期間の上限は480月

定額部分の年金額の計算に反映される被保険者期間の上限は、生年月日に応じて右表のとおりです。

生年月日	上限月数
昭和 9年4月2日～昭和19年4月1日	444月 (37年)
昭和19年4月2日～昭和20年4月1日	456月 (38年)
昭和20年4月2日～昭和21年4月1日	468月 (39年)
昭和21年4月2日～	480月 (40年)

Q&A

Q 経過的加算額とは何ですか?

A 経過的加算額とは、定額部分の年金額と老齢基礎年金額の差額です。定額部分の年金額を計算する場合は、上限月数があるものの、年齢による制限はありません。一方、定額部分の年金額との差額を算出するために老齢基礎年金額を計算する場合は、昭和36年4月以後の20歳以上60歳未満の厚生年金保険加入者期間が対象となります。

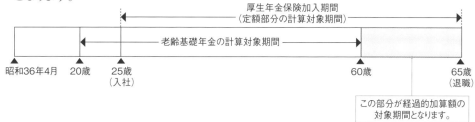

定額部分と加給年金額

　厚生年金保険の被保険者期間※が20年以上（または男性40歳（女性は35歳）以後15～19年の特例の期間:18頁参照）ある人が老齢厚生年金を受けられるようになって、65歳未満の配偶者がいる場合、定額部分か老齢基礎年金が併せて支給される時点から、加給年金額と特別加算額が加算されます（特別加算額との合計額は裏表紙参照）。

　ただし、配偶者の恒常的な年収が850万円以上であると加給年金額は支給されません。また、配偶者自身も厚生年金保険の被保険者期間※が20年以上（または15～19年の中高齢者の特例期間）あり、配偶者自身の年金の受給権が発生した場合や、障害年金を受けられるようになった場合、加給年金額は支給停止となります。　　　　　※旧共済加入期間を含む。

昭和24年（女性は29年）4月1日以前に生まれた方の場合

　加給年金額が併せて支給されるのは定額部分の年金が支給される時点から、配偶者が65歳になるまで。または、配偶者自身が老齢厚生年金等（20年以上厚生年金保険に加入）を受けられるようになるまでの間です。

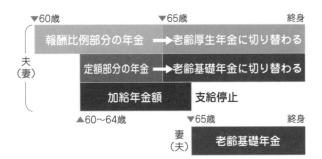

昭和24年（女性は29年）4月2日以後に生まれた方の場合

　加給年金額が支給されるのは老齢基礎年金が支給される65歳から配偶者が65歳になるまで。または、配偶者自身が老齢厚生年金等（20年以上厚生年金保険に加入）を受けられるようになるまでの間です。

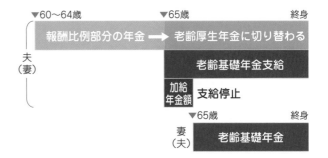

配偶者が65歳になると加給年金額が振替加算に切り替わる

　昭和61年4月から、すべての人が原則的に公的年金に加入し、自分名義の年金を受けられるようになりました。ただし、昭和61年4月にすでに中高齢者だった方は、国民年金への加入期間が短く、年金額が少ないことから、夫（妻）についていた加給年金額を配偶者の老齢基礎年金に「振替加算」し、底上げした年金額を受けることができます。振替加算の額は妻（夫）の生年月日に応じて決められ、**昭和41年4月2日以後に生まれた方には支給されません。**

※年金分割により、「みなし被保険者期間」を含めた厚生年金の被保険者期間が20年以上になった場合は、振替加算は加算されません。

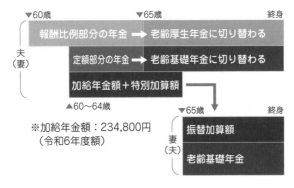

※加給年金額：234,800円
（令和6年度額）

■配偶者特別加算額

（令和6年度額）

受給権者の生年月日	配偶者特別加算額
昭和 9年4月1日以前生まれ	0 円
昭和 9年4月2日～昭和15年4月1日	34,700 円
昭和15年4月2日～昭和16年4月1日	69,300 円
昭和16年4月2日～昭和17年4月1日	104,000 円
昭和17年4月2日～昭和18年4月1日	138,600 円
昭和18年4月2日以後生まれ	173,300 円

※加給年金額と配偶者特別加算額を加えた額は裏表紙をご参照ください。

■振替加算額

（令和6年度額）

生年月日	振替加算額	生年月日	振替加算額
昭和 2年4月1日以前	234,100 円	昭和22年4月1日以前	109,325 円
昭和 3年4月1日以前	227,779 円	昭和23年4月1日以前	103,004 円
昭和 4年4月1日以前	221,693 円	昭和24年4月1日以前	96,683 円
昭和 5年4月1日以前	215,372 円	昭和25年4月1日以前	90,597 円
昭和 6年4月1日以前	209,051 円	昭和26年4月1日以前	84,276 円
昭和 7年4月1日以前	202,965 円	昭和27年4月1日以前	77,955 円
昭和 8年4月1日以前	196,644 円	昭和28年4月1日以前	71,869 円
昭和 9年4月1日以前	190,323 円	昭和29年4月1日以前	65,548 円
昭和10年4月1日以前	184,237 円	昭和30年4月1日以前	59,227 円
昭和11年4月1日以前	177,916 円	昭和31年4月1日以前	53,141 円
昭和12年4月1日以前	171,595 円	昭和32年4月1日以前	46,960 円
昭和13年4月1日以前	165,509 円	昭和33年4月1日以前	40,620 円
昭和14年4月1日以前	159,188 円	昭和34年4月1日以前	34,516 円
昭和15年4月1日以前	152,867 円	昭和35年4月1日以前	28,176 円
昭和16年4月1日以前	146,781 円	昭和36年4月1日以前	21,836 円
昭和17年4月1日以前	140,460 円	昭和37年4月1日以前	15,732 円
昭和18年4月1日以前	134,139 円	昭和38年4月1日以前	15,732 円
昭和19年4月1日以前	128,053 円	昭和39年4月1日以前	15,732 円
昭和20年4月1日以前	121,732 円	昭和40年4月1日以前	15,732 円
昭和21年4月1日以前	115,411 円	昭和41年4月1日以前	15,732 円

Q&A（加給年金額関係）

　以下の記事においては、老齢厚生年金、老齢基礎年金、加給年金額、振替加算額等の受給権を満たしているものとします。

Q 65歳から老齢厚生年金と老齢基礎年金を受給予定です。5歳年下の妻（専業主婦）がいますが、繰上げ受給した場合、加給年金額も繰上げ受給できますか？

A 　老齢厚生年金や老齢基礎年金を繰上げ受給した場合でも、加給年金額は繰上げ受給することはできません（42頁参照）。あなたの場合、加給年金額は65歳からの支給となります。

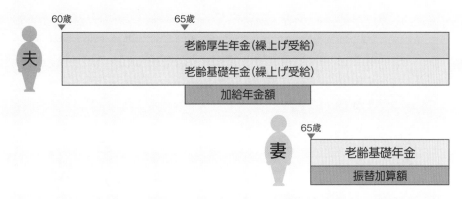

Q 65歳から老齢厚生年金と老齢基礎年金を受給予定です。5歳年下の妻（専業主婦）がいますが、繰下げ受給した場合、加給年金額は受給できますか？

A 　加給年金額は老齢厚生年金とあわせて支給されるため、老齢厚生年金を繰下げ受給する場合は、繰下げしている間は受けられません。また、繰下げしても増額されません。65歳から老齢基礎年金のみを繰下げ受給し、老齢厚生年金を65歳から受ける場合は、加給年金額もあわせて受けられます。

■老齢厚生年金・老齢基礎年金を繰下げた場合

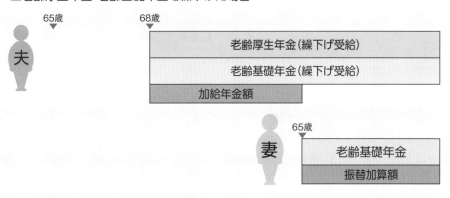

■老齢基礎年金のみを繰下げた場合

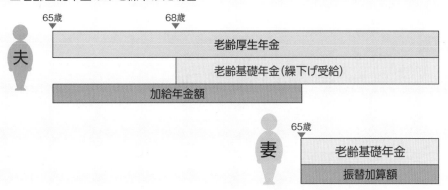

Q 7歳年上の夫は、老齢厚生年金と老齢基礎年金を受給しています。私が専業主婦だったので、加給年金額も受給しています。私が60歳になったら老齢基礎年金を繰上げ受給しようと思っていますが、夫の加給年金額は支給停止になりますか？　また、私の振替加算は60歳から受けられますか？

A 夫が受けている加給年金額は、あなたが老齢基礎年金を繰上げ受給しても支給停止とはなりません。あなたの老齢基礎年金に加算される振替加算額は、繰上げ受給をしても65歳からの支給となります。

なお、あなたが老齢基礎年金を繰下げ受給した場合、加給年金額はあなたが65歳になるまで支給され、振替加算額は繰下げ受給時からの支給となります。

繰上げ、繰下げした場合でも、加給年金額、振替加算額については、減額、増額はされません。

■妻が老齢基礎年金を繰上げた場合

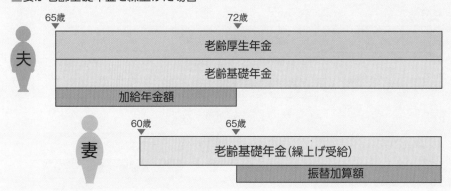

■妻が老齢基礎年金を繰下げた場合

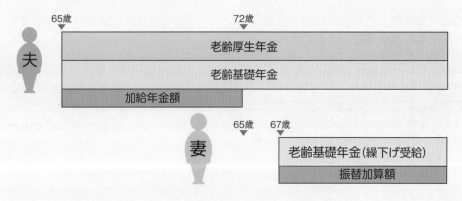

Q 夫は現在64歳で、特別支給の老齢厚生年金（報酬比例部分のみ）を受給しています。専業主婦だった私は夫より1歳年上で来月65歳になるのですが、夫の加給年金額は受けられますか？

A 加給年金額は、厚生年金加入期間が20年以上ある等の条件を満たした人が、特別支給の老齢厚生年金の定額部分または65歳からの老齢基礎年金を受けられるとき、65歳未満の配偶者等がいる場合に支給されます。あなたの場合、夫が年下のため、あなたが先に65歳に到達することとなります。そのため、夫の年金に加算される加給年金額は支給されず、夫が65歳に到達後に、あなたの老齢基礎年金に振替加算額が加算されます（32頁参照）。

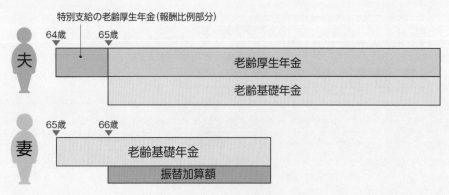

第3号被保険者の老齢年金

本項におきましては、昭和31年4月2日以後生まれの人の年金額を掲載しています（詳細は4〜5頁参照）。

第3号被保険者期間の老齢基礎年金

第3号被保険者とは、第2号被保険者※1に扶養されている20歳以上60歳未満の配偶者で、原則として年収130万円未満の方が該当します（8頁参照）。年収130万円未満であっても厚生年金に加入される方は第3号被保険者とはなりません。原則国内に居住していることが要件です（14〜15頁参照）。

第3号被保険者に該当する期間は、扶養者の加入する被用者年金制度で費用が負担されるため、個別の保険料負担は必要ありません。第3号被保険者であった期間は保険料納付済期間とされ、他の公的年金制度加入歴とあわせて以下のように老齢基礎年金が計算されます。

※1 厚生年金保険の加入者。ただし65歳以上で老齢（退職）年金を受けられる人を除く。

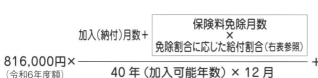

$$816{,}000円 \times \frac{加入（納付）月数 + \dfrac{保険料免除月数 \times 免除割合に応じた給付割合（右表参照）}{}}{40年（加入可能年数）\times 12月} + 振替加算額$$

（令和6年度額）　　　　　　　　　　　　　　　　　　　　　　　　　　　　　　　　（32頁参照）

免除割合	給付割合	
	H21.3以前	H21.4以降
1/4	②5/6(1/2)	①7/8(3/8)
半額	④2/3(1/3)	③3/4(1/4)
3/4	⑥1/2(1/6)	⑤5/8(1/8)
全額	⑧1/3(0)	⑦1/2(0)

※保険料納付済期間以降、①〜⑧の順に年金額を計算し、480月を超える期間については、（ ）の値で年金額を計算する。

■平成17年4月前に、第3号被保険者に係る未届期間がある人は、届出により保険料納付済期間に算入されることとなりました。

■平成20年4月以後の第3号被保険者期間については、第3号被保険者（または第3号被保険者であった人）のみの請求で、平成20年5月1日以後に離婚等をした場合に配偶者の厚生年金の記録の2分の1を分割できます。（38〜39頁参照）

Q&A（第3号被保険者関係）

Q 62歳の夫が会社を退職しました。私は57歳の専業主婦ですが、自分で国民年金の保険料を納める必要がありますか？

A 会社員（第2号被保険者）の20歳以上60歳未満の被扶養配偶者は第3号被保険者となり、自分で国民年金の保険料を納める必要がありません（14頁参照）。また、第3号被保険者に該当する期間は、保険料納付済期間として扱われます。

会社を退職するなど、配偶者が第2号被保険者に該当しなくなった場合、その20歳以上60歳未満の被扶養配偶者は第3号被保険者に該当しないため、自分で国民年金の保険料を納める必要があります。

Q 64歳の夫が65歳以降も現在の会社で働くことになりました。私は57歳の専業主婦ですが、自分で国民年金の保険料を納める必要がありますか？

A 65歳以上の会社員（厚生年金被保険者）は、老齢（退職）年金の受給権がある場合、第2号被保険者ではなくなります。第3号被保険者となるためには、「第2号被保険者の被扶養配偶者であり、20歳以上60歳未満」である必要があります。上記の例で、65歳以上の夫に老齢（退職）年金の受給権がある場合、妻は第3号被保険者に該当しないため、自分で国民年金の保険料を納める必要があります。

離婚時の厚生年金の分割

平成19年4月1日以後に離婚等[※]をした場合に、婚姻期間(事実婚の場合は第3号被保険者期間)の厚生年金を、対象期間の標準報酬の記録を改定することで分割できます。離婚等をした当事者間の合意または裁判手続き等によって分割する割合(按分割合)を定めることが必要なため、「合意分割」ともいわれます。

離婚時には、平成20年4月1日から導入された「3号分割」と同時に適用されることが想定される関係の深い制度です。

共済年金が厚生年金へ統合されたことに伴い、平成27年10月以降については、平成27年9月以前の旧共済年金期間も厚生年金期間とみなし、分割が行われます。

※離婚の他、事実婚関係を解消した場合(一方が第3号被保険者であった場合)、婚姻の取り消しが行われた場合も対象となります。

制度の主なしくみ

- ■平成19年4月1日以後に成立した離婚等が対象。　■施行日前の婚姻期間も分割の対象。
- ■離婚当事者の婚姻期間中の標準報酬の記録(保険料納付記録)を当事者間で分割できる。
- ■当事者間の協議で分割後の両者の持分割合(按分割合)を合意の上、年金事務所や共済組合等に分割請求する(合意がまとまらない場合は、当事者一方の求めで裁判手続きにより割合を定めることができる)。
- ■分割の請求(改定請求)は、原則として離婚から2年以内(離婚等から2年以内に申し立てた調停等が2年を超えたときに成立した場合は、それから6月以内)。
- ■按分割合は、当事者双方の標準報酬の総額合計の2分の1まで。標準報酬の総額が多い人から少ない人へのみ分割はできる。
- ■法律上婚姻関係にない事実婚の場合は、一方が被扶養配偶者として国民年金の第3号被保険者となっている期間のみ対象となる。
- ■分割できる範囲や対象期間などの情報を事前に請求できる。
- ■老齢厚生年金の受給者は、標準報酬の改定請求のあった月の翌月から年金額を改定する。

分割は厚生年金保険の保険料納付記録を改定することで行います

厚生年金は、被保険者期間とその期間中の報酬額(標準報酬月額、標準賞与額)が年金額計算の基礎となります。厚生年金の分割は、婚姻期間中の報酬の記録を分割することで行います。そして当事者それぞれが分割後の報酬額に基づいて計算された老齢厚生年金を受けることとなります。ただし、年金を受けるためには受給要件を満たすことが必要です(16頁参照)。

国民年金は8頁のとおり個々人が必ず加入する制度で、年金額は保険料納付・免除期間のみに比例しており、分割の対象外です。

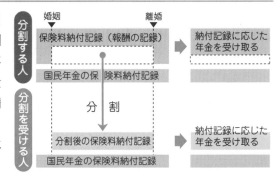

当事者間の婚姻期間中の標準報酬総額の2分の1までの間で分割可能

婚姻期間中の報酬総額(再評価後)の多い人を「第1号改定者」、少ない人を「第2号改定者」といいます。分割は第1号改定者から第2号改定者へのみ行うことができます。その範囲は、下限=第2号改定者の標準報酬総額から、上限=両者の標準報酬総額の2分の1までで、割合は当事者間の合意(または裁判手続き)によります。

分割は、各月の標準報酬月額・標準賞与額を改定割合で改定し行います

当事者間の持分の割合(按分割合)が決まり、保険料納付記録を分割するときには、当事者の対象期間の報酬総額が按分割合のとおりとなるよう、各月の標準報酬月額・標準賞与額を一つの率で改定します。この率を改定割合といいます。

改定割合 = {按分割合 − 第2号改定者の対象期間標準報酬総額[※] ÷ 第1号改定者の対象期間標準報酬総額[※]
　　　　　 × (1−按分割合)} ÷ {按分割合 + 変換率 × (1−按分割合)}

変換率 = 第1号改定者の対象期間標準報酬総額[※](第2号改定者の再評価率で再評価したもの)
　　　　 ÷ 分割前の第1号改定者の対象期間標準報酬総額[※]

※対象期間標準報酬総額は、平成15年4月1日前と以後に分けて計算される。

本人が厚生年金保険に加入していないが分割を受けた期間は「みなし被保険者期間」

実際には厚生年金保険には加入していないものの、分割を受けて新たに厚生年金保険の保険料納付記録ができた期間は、離婚時みなし被保険者期間となります。この期間は報酬比例の年金額を計算する際の期間とはなりますが、受給資格期間には算入されず、次のような取扱いとなります。

離婚時みなし被保険者期間の取扱い

- 国民年金の未納・未加入期間である場合には、自身が年金を受ける際の受給資格期間に算入されない。
- 加給年金額の支給要件となる被保険者期間に算入されない。
- 特別支給の老齢厚生年金の支給要件となる被保険者期間、定額部分の計算基礎となる被保険者期間、長期加入者の特例要件の被保険者期間などにも算入されない。
- 遺族厚生年金については、厚生年金保険の被保険者期間がなくても、離婚時みなし被保険者期間を被保険者期間とみなされる場合がある。
- 振替加算については、厚生年金保険の被保険者期間等とあわせて原則20年以上になると支給停止される。

■夫から妻へ分割が行われる例

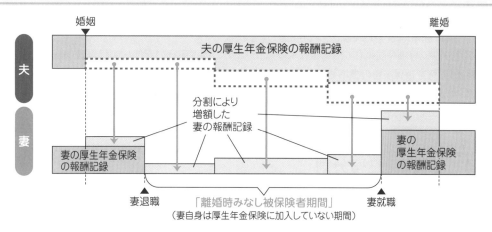

在職老齢年金の標準賞与額の取扱い

在職老齢年金は、その月の報酬と直近1年間の標準賞与額によって支給調整されます。この標準賞与額については、分割後に標準賞与額が高くなり、結果として年金の増額より支給停止額が多くなるようなことがないよう、改定前（分割前）の標準賞与額で計算されます。

合意分割と3号分割

離婚時における厚生年金標準報酬の合意分割の請求を行う際、その対象期間に3号分割の対象となる特定期間が含まれる場合には、**合意分割の請求があった時点で、あわせて3号分割の請求があったものとみなされます。**

ただし、特定被保険者が特定期間を額の計算の基礎とする障害厚生年金の受給権者である場合は、3号分割が行われませんので、この請求があったものとはみなされません。

●3号分割による改定後の標準報酬が合意分割の基礎に

平成20年4月1日以降の特定期間を有する人が、合意分割の請求を行う場合、まず特定期間について標準報酬を半分に分割し、特定被保険者及び被扶養配偶者それぞれの標準報酬に反映し、その後、3号分割後の報酬記録を対象期間標準報酬総額として合意分割が行われます。合意分割は、3号分割後における両者の厚生年金保険料納付記録を合計したものの2分の1までを上限として、標準報酬総額の多い方から少ない方へ分割することができます。

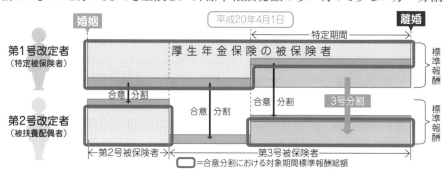

※夫が自営業から婚姻と同時に厚生年金保険の被保険者となり、妻が厚生年金保険の被保険者から婚姻と同時に第3号被保険者となった場合の離婚などにおいては、「3号分割」は夫から妻に分割されますが、「合意分割」は標準報酬総額の多い人から少ない人に行われるため、結果として妻から夫に分割される事態が生じる（被扶養配偶者が第1号改定者となる）場合も想定されます。

第3号被保険者期間の厚生年金の分割

　平成20年5月1日以後に離婚等※をした場合、平成20年4月1日以後の第3号被保険者期間の厚生年金の標準報酬の記録が、社会保険庁長官（平成22年1月からは厚生労働大臣）に請求することにより2分の1に分割される制度が導入されました。第3号被保険者期間のみが対象となるため、「3号分割」と呼ばれています。

　共済年金が厚生年金へ統合されたことに伴い、平成27年10月以降については、平成27年9月以前の旧共済年金期間も厚生年金期間とみなし、分割が行われます。

※離婚の他、事実婚関係を解消した場合（一方が第3号被保険者であった場合）、婚姻の取消しが行われた場合、特定被保険者が行方不明となって3年を経過した場合など、事実上離婚と同様の場合も対象となります。

3号分割の主なしくみ

- ■平成20年5月1日以降に離婚または婚姻の取消し等をした場合、行うことができる。
- ■平成20年4月1日以降、離婚時までの第3号被保険者期間が分割対象期間。
  - ※事実婚関係にある第3号被保険者期間についても、分割の対象となる。
- ■特定期間の「第2号被保険者（以下「特定被保険者」という）の標準報酬の記録」を第3号被保険者に分割する。
- ■特定期間の「特定被保険者の標準報酬の記録」の2分の1が分割される。
- ■分割は、第3号被保険者または第3号被保険者であった人の請求によって行われる。当事者間の合意は不要。
- ■請求は、原則として離婚等から2年以内に行う必要がある。

第3号被保険者と3号分割

　第3号被保険者とは国民年金の被保険者の種類の一つで、会社員など第2号被保険者に扶養される配偶者（20歳以上60歳未満）のことをいいます。主に会社員の妻が第3号被保険者に該当し、その期間の保険料は、第2号被保険者と夫婦共同で負担したものとみなされます。そして、第3号被保険者期間は、個別に保険料を納めることなく保険料を納めたものとみなされ、年金給付が行われます。

　平成20年4月からは、「被扶養配偶者（第3号被保険者）のある厚生年金被保険者（第2号被保険者）が負担した厚生年金保険の保険料は、夫婦が共同で負担したものである」という基本的認識が法律上明記されました。夫婦が離婚した場合には、第3号被保険者期間について、第2号被保険者の標準報酬の2分の1を分割して受けることができます。このしくみを「第3号被保険者の離婚時の年金分割」（以下「3号分割」）といいます。この分割後の標準報酬の記録により、夫婦それぞれに厚生年金保険の給付が行われます。

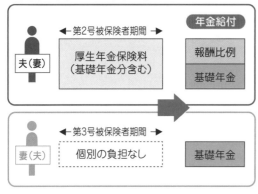

■夫婦で受ける老齢年金①

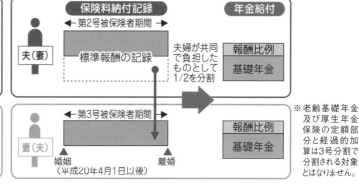

■夫婦で受ける老齢年金②　（平成20年5月1日以後に離婚した場合）

※老齢基礎年金及び厚生年金保険の定額部分と経過的加算は3号分割で分割される対象とはなりません。

請求のみで分割可能

　3号分割は、第3号被保険者または第3号被保険者であった人の請求により分割が認められます。平成19年4月に施行された「合意による分割」とは異なり、配偶者の同意は必要ありません。

　なお、第3号被保険者は「会社員など第2号被保険者に扶養される配偶者で20歳以上60歳未満の者」が該当するので、夫が第3号被保険者に該当する場合もあります。夫が第3号被保険者に該当する期間は、妻の標準報酬の記録の2分の1が夫に分割されることになります。

分割される記録とは

「3号分割」で分割されるのは、3号分割の対象となる期間の厚生年金保険の標準報酬（標準報酬月額及び標準賞与額）の納付記録です。毎月の給与に基づいて納めた厚生年金保険料の納付記録（標準報酬月額）と賞与に基づいて納めた納付記録（標準賞与額）の2分の1が、分割を受ける者の納付記録となります。分割の対象となる者は、自分の標準報酬の記録が2分の1に改定され、分割を受けた者は分割を受けた標準報酬が新たな記録となります。

配偶者の標準報酬の記録の2分の1が分割されることにより、分割された標準報酬の記録に基づいて年金額が計算され、増額された厚生年金を受けられるようになります。

分割を受けた標準報酬の記録に基づいて年金額が計算されるのは、本人の年金支給開始年齢からです。本人の厚生年金保険の被保険者期間が1年以上ある方は、生年月日により60〜64歳から、厚生年金保険の被保険者期間が1年未満または国民年金のみに加入（第3号被保険者期間など）していた方は65歳からです。

在職老齢年金を計算する際の標準賞与額は、「合意分割」と同様、改定前（分割前）の額で計算されます（37頁参照）。

■標準報酬の記録の分割例

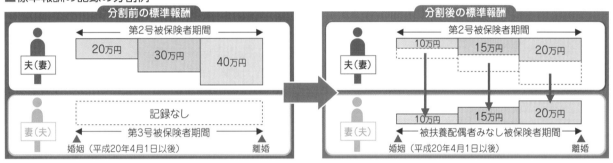

3号分割の対象期間

3号分割の対象となるのは、平成20年4月1日から離婚等をした時点までの第3号被保険者期間です。その期間の配偶者の厚生年金の標準報酬の記録を分割します。

第3号被保険者は、「20歳以上60歳未満の者」という要件があるため、平成20年4月以降の婚姻期間であっても20歳未満、60歳以上の期間は3号分割の対象となりません。

3号分割の効果

3号分割が行われたときは、特定期間の被保険者期間については、被扶養配偶者の被保険者期間であったものとみなされます。この期間を「被扶養配偶者みなし被保険者期間」といいます。この期間は、被扶養配偶者が実際に厚生年金保険に加入していた期間ではないため、受給資格期間に含まないなど一定の制限を受けます。

用語の整理	■特定被保険者 厚生年金保険の被保険者または被保険者であった者であって、その者が被保険者であった期間中に被扶養配偶者を有していた者。3号分割により特定期間の標準報酬の2分の1を被扶養配偶者に分割される者。	■被扶養配偶者 ここでいう被扶養配偶者は、特定被保険者の配偶者として国民年金法の第3号被保険者に該当していた者。3号分割により特定期間の標準報酬の2分の1の分割を受ける者。	■特定期間 特定被保険者が厚生年金保険の被保険者であった期間であり、かつ、その被扶養配偶者が当該特定被保険者の配偶者として国民年金の第3号被保険者に該当していた期間。3号分割の対象となる期間。

被扶養配偶者みなし被保険者期間の取扱い

● 特別支給の老齢厚生年金の支給要件である「1年以上の被保険者期間」には含まない。定額部分の計算基礎となる被保険者期間、長期加入者の特例要件の被保険者期間にも算入されない。
● 加給年金額の支給要件である「240月以上の被保険者期間」には算入されない。
● 在職老齢年金を計算する際の標準賞与額は、3号分割による改定前の標準賞与額とする。
● 3号分割による被扶養配偶者みなし被保険者期間を有する人が死亡した場合、遺族厚生年金が支給される場合がある。
● 振替加算については、厚生年金保険の被保険者期間等とあわせて原則20年以上になると支給停止される。

特定被保険者が障害厚生年金の受給権者であるとき

第2号被保険者（特定被保険者）が、特定期間の全部または一部を額の計算の基礎としている障害厚生年金の受給権者であるときは、3号分割はできません。この場合には当事者の合意による分割の方法が適用されます。

在職中の年金(60歳代前半)

年金改正における在職老齢年金の変更

　60歳以上65歳未満で老齢厚生年金の受給権のある方が、厚生年金保険被保険者として就労する場合及び国会議員、地方議会議員となった場合、年金の一部または全部が支給停止されます。これを在職老齢年金といいます。

　平成6年年金改正では、それまで給与が増えても年金との合計収入があまり増えなかった制度が改定され、給与と年金に応じて収入が増えるしくみとなりました。総報酬制が実施されてから1年が経過した平成16年4月からは、賞与を含めた制度に変更され、さらに平成16年年金改正(平成17年4月実施)では、それまでの一律2割支給停止が廃止されました。

> **■基本的しくみ**
> ・支給停止の対象となるのは老齢厚生年金。
> ・加給年金額を除く老齢厚生年金額を12で除した額を基本月額とする。
> ・給与(標準報酬月額)と直近1年間に受けた賞与(標準賞与額)の1/12の合計を総報酬月額相当額とする。
> ・基本月額と総報酬月額相当額の合計額が50万円に達するまでは支給停止はない。
> ・上記の合計額が50万円を超えるときには、超えた額の2分の1が基本月額から支給停止されます。
> ・年金額が改定されるのは、資格取得・喪失時は翌月、月末に退職して1日に資格喪失の場合、総報酬月額相当額が変更した場合は当月。

※厚生年金基金の加入期間がある場合、厚生年金基金に加入していなかったと仮定して支給額が算出されます。
※複数の実施機関から統一後の老齢厚生年金を受けている方が在職中の場合は、それぞれの年金額を合算して
　支給停止額を計算し、この支給停止総額をそれぞれの年金額に応じて按分します。

総報酬月額相当額とは

　「総報酬月額相当額」とは、その月の標準報酬月額とその月以前1年間に受けた標準賞与総額を12等分した額との合計額で、その月からさかのぼった過去1年間の年収ベースの月収を指します。

●総報酬月額相当額 ＝ その月の標準報酬月額 ＋ その月以前の1年間の標準賞与額の合計額 ÷ 12ヵ月

※5月以降も、年額をベースにして各月ごとに「総報酬月額相当額」を再計算し、支給調整することとなります。

支給停止調整額は50万円

　60歳代前半の在職老齢年金において、令和4年4月から支給停止の基準額が28万円から47万円に引き上げられました(ともに令和3年度額)。この改正に伴い、支給停止調整開始額、支給停止調整変更額がなくなり、60歳代後半の在職老齢年金と同様、支給停止調整額のみとなりました。

　支給停止調整額は、平成16年度の48万円に平成17年度以後の各年度の名目賃金変動率を乗じて1万円単位で変動した場合(5千円以上切り上げ、5千円未満切り捨て)に改定されます。令和6年度の支給停止調整額は50万円です。

退職後1ヵ月経過すると年金額が改定される

　60歳以上65歳未満で働いて厚生年金保険の被保険者であった人が退職し、退職した日から1ヵ月以内に再就職しないときには、在職していた間の被保険者期間等を含めて年金額が再計算され、退職した月の翌月分から支給されます。退職後1ヵ月以内に再就職した場合は、年金額の再計算は行われません。

　厚生年金保険の被保険者として65歳に達したときは、在職中でも年金額の再計算が行われます。なお、70歳以上の在職者(被用者)が退職したときは、退職した日の属する月の翌月から年金額が改定されます。

60歳以上65歳未満の在職老齢年金【支給される年金月額の計算式】

> 支給される年金月額 ＝ 基本月額－{（総報酬月額相当額＋基本月額－50万円}×1/2}

■在職老齢年金早見表（基本月額と総報酬月額相当額が交差する欄の額が、支給される年金額です）

（単位:万円）

		基本月額※										
		10.0	11.0	12.0	13.0	14.0	15.0	16.0	17.0	18.0	19.0	20.0
総報酬月額相当額	9.8	10.0	11.0	12.0	13.0	14.0	15.0	16.0	17.0	18.0	19.0	20.0
	15.0	10.0	11.0	12.0	13.0	14.0	15.0	16.0	17.0	18.0	19.0	20.0
	20.0	10.0	11.0	12.0	13.0	14.0	15.0	16.0	17.0	18.0	19.0	20.0
	25.0	10.0	11.0	12.0	13.0	14.0	15.0	16.0	17.0	18.0	19.0	20.0
	30.0	10.0	11.0	12.0	13.0	14.0	15.0	16.0	17.0	18.0	19.0	20.0
	35.0	10.0	11.0	12.0	13.0	14.0	15.0	15.5	16.0	16.5	17.0	17.5
	40.0	10.0	10.5	11.0	11.5	12.0	12.5	13.0	13.5	14.0	14.5	15.0
	45.0	7.5	8.0	8.5	9.0	9.5	10.0	10.5	11.0	11.5	12.0	12.5
	50.0	5.0	5.5	6.0	6.5	7.0	7.5	8.0	8.5	9.0	9.5	10.0
	55.0	2.5	3.0	3.5	4.0	4.5	5.0	5.5	6.0	6.5	7.0	7.5
	60.0	0.0	0.5	1.0	1.5	2.0	2.5	3.0	3.5	4.0	4.5	5.0
	65.0	0.0	0.0	0.0	0.0	0.0	0.5	1.0	1.5	2.0	2.5
	70.0	0.0	0.0	0.0	0.0	0.0	0.0	0.0	0.0	0.0	0.0	0.0

※基本月額＝老齢厚生年金月額

●短時間労働者の適用拡大に伴う経過措置

　平成28年10月からの短時間労働者の適用拡大（89頁参照）に伴い、新たに厚生年金保険の被保険者となる特別支給の老齢厚生年金の受給権者であり、かつ施行日前から同一の事業所に短時間労働者として勤務し、障害者特例または長期加入者特例（25頁参照）に該当する人については、資格喪失するまでの間、定額部分と加給年金は在職老齢年金のしくみによる支給停止は行われません。

　平成29年4月からの労使合意に基づく短時間労働者の適用拡大（89頁参照）の場合、平成30年4月30日までの事業主の申出により新たに厚生年金保険の被保険者となった日以降、上記経過措置の対象となります。

　令和4年10月からの短時間労働者の適用拡大（89頁参照）の場合、令和4年9月30日以前から引き続き同一の事業所に使用されており、令和4年10月1日に新たに厚生年金保険の被保険者になった日以降、上記経過措置の対象となります。

年金が全額停止になると加給年金額も支給停止される

　加給年金額が加算される加入期間と年齢要件等を満たしていても、在職老齢年金による支給停止額が年金額を上回った場合、年金は支給されず、加給年金額も支給停止されます。厚生年金基金の加入期間がある場合には、厚生年金基金に加入していなかったと仮定して在職老齢年金の支給停止額を算出し、上記と同様の方法で加給年金額が支給されるかどうか決まります。

■ケーススタディ

　令和6年4月以後の報酬比例部分の年金額120万円、60歳以後の給与（標準報酬月額）が20万円。過去12ヵ月間の標準賞与額が、264万円、180万円、120万円、60万円、0円の場合の年金支給停止額、支給される年金額を月額換算の概算で見てみましょう。

60歳以後の給与	過去12ヵ月の標準賞与※の合計÷12		総報酬月額相当額	基本月額	支給停止額（総報酬月額相当額＋報酬比例部分の年金月額－50万円）÷2	支給される年金	収入の合計（給与＋年金）
標準報酬月額20万円	例264万円÷12	22万円	42万円	10万円	（42万円＋10万円－50万円）÷2＝1万円	9万円	29万円
	例180万円÷12	15万円	35万円	10万円	（35万円＋10万円－50万円）÷2→0万円	10万円	30万円
	例120万円÷12	10万円	30万円	10万円	（30万円＋10万円－50万円）÷2→0万円	10万円	30万円
	例 60万円÷12	5万円	25万円	10万円	（25万円＋10万円－50万円）÷2→0万円	10万円	30万円
	例 0円	0円	20万円	10万円	（20万円＋10万円－50万円）÷2→0万円	10万円	30万円

※支払いごとに1,000円未満を切り捨てた標準賞与額（1回の支払いにつき上限150万円）の合計

老齢年金の繰上げ支給

老齢基礎年金の繰上げ支給

　老齢基礎年金は、原則65歳から支給されますが、60歳以後の希望する時期から繰り上げて受けることができます。ただし、繰り上げた期間に応じて一定率が減額されます（次頁参照）。

　特別支給の老齢厚生年金の定額部分の支給開始年齢が段階的に引き上げられていることに伴い、一部の生年月日の女性や長期加入者など支給開始年齢の特例（25頁参照）に該当する方を除き、老齢基礎年金の「一部繰上げ」を請求することはできなくなりました。

　64歳※から特別支給の老齢厚生年金の報酬比例部分のみを受ける人（昭和39年4月2日～昭和41年4月1日生まれの女性）が老齢基礎年金を繰上げ請求をすると、「全部繰上げ」になります。60歳以後64歳前に老齢基礎年金を繰上げ請求すると、老齢厚生年金と同時に繰上げすることになり、64歳以後に繰上げ請求すると老齢基礎年金のみの繰上げとなります。

　なお、繰上げ請求した人の加給年金については、65歳以後の支給となります。

※特例支給開始年齢。生年月日、性別により異なる（25頁参照）。
※繰上げ支給における減額率は、令和4年4月以降、1月あたり0.5％から0.4％に引き下げられました（次頁の「減額率」参照）。

老齢基礎年金と報酬比例部分（65歳以降は老齢厚生年金）の併給について

昭和39年4月2日～昭和41年4月1日生まれの女性の場合

①全部繰上げの老齢基礎年金と繰上げの老齢厚生年金との併給（64歳支給開始の例）

　上記の生年月日の人は、64歳から報酬比例部分、65歳から老齢基礎年金が受けられます。64歳（特例支給開始年齢）時に報酬比例部分が受けられる人は、60歳から特例支給開始年齢に達する前に老齢厚生年金の支給繰上げを請求することができます。この場合、老齢基礎年金も同時に全部繰上げを請求することになります。老齢基礎年金、老齢厚生年金ともに、1ヵ月繰上げるごとに0.4％減額されます※。

　なお、加給年金額は65歳からの支給となります。

※老齢厚生年金は4年分繰上げのため、0.4％×48ヵ月＝19.2％減額されます。老齢基礎年金と経過的加算額は5年分繰上げのため、0.4％×60ヵ月＝24％減額されます。

■老齢基礎年金と老齢厚生年金を60歳に繰上げた場合

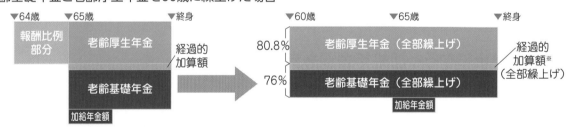

※経過的加算額の減額分については、老齢厚生年金から減額されます。

②全部繰上げの老齢基礎年金と報酬比例部分（65歳以降は老齢厚生年金）との併給（64歳支給開始の例）

　上記の①とは異なり、報酬比例部分は繰上げせず、老齢基礎年金を64歳から全部繰上げ請求した場合、老齢基礎年金が減額されます※。

　なお、加給年金額と経過的加算額は65歳からの支給となります。

※1年分繰上げのため、0.4％×12ヵ月＝4.8％減額されます。

■老齢基礎年金を64歳に繰上げた場合

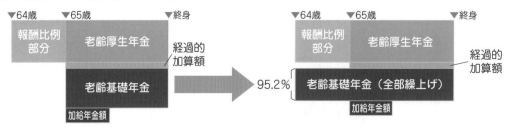

長期加入者等の繰上げ支給について

　厚生年金保険の被保険者期間が44年以上あるなど支給開始年齢の特例に該当する場合（25頁参照）は、報酬比例部分の年金が受けられる年齢になると、定額部分もあわせて支給されます。64歳（特例支給開始年齢）時に報酬比例部分の年金が受けられる方が上記の特例に該当した場合、60歳から特例支給開始年齢に達する前に老齢厚生年金の繰上げを請求することができます。この場合、老齢基礎年金も同時に一部繰上げを請求することになります。

　下記の例では、本来64歳から1年間（12ヵ月）支給される定額部分の年金を5年間（60ヵ月）にわたって受けるので、1年間に支給される年金は本来の20％（12ヵ月／60ヵ月）になります。

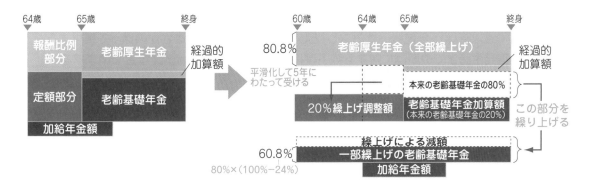

繰上げ請求後に被保険者期間がある場合

　繰上げ請求をすると、繰上げ請求までの期間に基づいて年金額が計算されます。その後、特例支給開始年齢に達した時に繰上げ請求後の期間を含めた年金額に改定されます。さらに、特例支給開始年齢後に厚生年金の被保険者期間がある場合、退職後に退職時改定が行われ、繰上げ請求後の被保険者期間を含めた年金額に改定されます。なお、65歳到達時にも年金額の改定が行われます。

老齢厚生年金の繰上げ支給

　61〜64歳に報酬比例部分の年金の支給開始年齢が引き上げられる人が、厚生年金保険の被保険者期間が1年以上ある場合、60歳から支給開始年齢までの間において、老齢厚生年金の支給の繰上げを請求できます。また、昭和36年4月2日以後に生まれた男性、昭和41年4月2日以後に生まれた女性、昭和41年4月2日以後に生まれた船員または坑内員としての被保険者期間が15年以上ある人は、60歳以上65歳未満の間に老齢厚生年金の支給繰上げの請求ができます。この繰上げ支給は、老齢厚生年金と老齢基礎年金を同時に繰り上げる（老齢基礎年金の繰上げの請求と同時に行う）のが特徴です。繰上げ支給をした場合、1ヵ月繰り上げるごとに0.4％減額（最大24％）されます。

　なお、この繰上げ支給を請求した場合、厚生年金基金の受給者については、代行部分（基本年金）も繰り上げて受けることとなります。

　また、繰上げ支給の老齢厚生年金の受給権者が65歳未満である間は、雇用保険法による給付との調整が行われます。老齢厚生年金の繰上げ支給を受けている受給権者が、厚生年金保険の被保険者である場合は、在職老齢年金のしくみで年金が支給調整されることとなります。雇用保険法、在職老齢年金との調整の対象となるのは、65歳になるまでの老齢厚生年金（特別支給の老齢厚生年金を含む）です。老齢基礎年金は繰上げ受給していても全額支給されます。

■減額率

受給開始	昭和16.4.1以前生まれ	昭和16.4.2以後 昭和37.4.1以前生まれ	昭和37.4.2以後生まれ
60歳	−42％	−30％	−24.0％
61歳	−35％	−24％	−19.2％
62歳	−28％	−18％	−14.4％
63歳	−20％	−12％	−9.6％
64歳	−11％	−6％	−4.8％

老齢年金の繰下げ支給

老齢基礎年金の繰下げ支給

　老齢基礎年金は、原則65歳から支給されますが、66歳以後の希望する時点から繰り下げて受けることができます（老齢・退職以外の年金を受給している人を除く）。繰り下げて受ける場合、繰下げ1月につき0.7%増額された年金額を生涯受けることになります。なお、昭和16年4月1日以前生まれの人の増額率等は、取扱いが異なります（20頁参照）。

　66歳に達した日後75歳に達するまでの繰下げ待機中に、他の年金の受給権が発生した場合は、下記の①、②から受給権者が選択することができます。

①65歳からの分（70歳以降は「5年前繰下げみなし」として）の老齢基礎年金をさかのぼって請求する

②他の年金の受給権発生時までの期間に対する繰下げにより増額された老齢基礎年金を請求する

老齢厚生年金の繰下げ支給

　平成19年4月から、本来65歳から支給される老齢厚生年金を66歳前に請求していない場合、66歳以後希望する時期から増額された老齢厚生年金を受けることができます（老齢・退職以外の年金を受給している人を除く）。65歳に達したときに受給権を得ていない人は、受給権を取得した日から1年経過前に請求をしていないときに繰下げの申し出をすることができます。

■繰下げ支給の例（65歳からの支給を70歳に遅らせた場合）

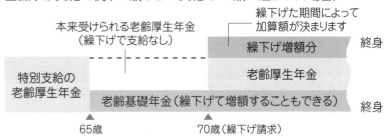

平成19年4月1日以後に受給権が発生した人が対象

　平成19年4月の改正による老齢厚生年金の繰下げの対象は、平成19年4月1日以後に老齢厚生年金の受給権が発生する人です。主に昭和17年4月2日以後生まれの人になります。

　平成19年4月1日前に受給権が発生している人は、以前のしくみでの繰下げや老齢基礎年金のみの繰下げとなります。

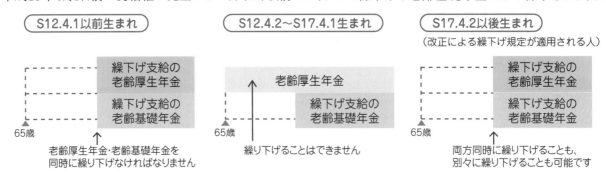

65歳以上で厚生年金保険の被保険者の人の繰下げ

　65歳以降も厚生年金保険の被保険者として在職し、在職老齢年金制度の支給調整が発生している人は、支給停止されなかった額のみを繰り下げることとなります。

　老齢基礎年金は老齢厚生年金とは別に、繰り下げることも繰り下げないこともできます。老齢基礎年金は在職中でも全額支給されますので、収入として「給与＋老齢基礎年金」を受け、在職老齢年金による支給額を繰り下げるという選択もできます。

■70歳で退職して繰下げ請求する場合

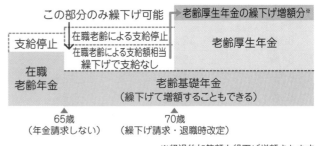

※経過的加算額も繰下げ増額されます

66歳到達後、他の年金受給権が発生した場合はそのときまで

66歳に達した日後75歳に達するまでの間、または老齢厚生年金の受給権取得以後1年を経過した以後10年に達するまでの間の繰下げ待機中に他の年金※の受給権者となった場合は、他の年金の受給権者となった以後、支給繰下げの申し出をした場合は、他の年金の受給権を有した日において支給繰下げの申し出があったものとみなされて増額率が計算されます。なお、65歳到達時や老齢厚生年金の受給権取得時(70歳以降、あるいは受給権取得後5年経過後は「5年前繰下げみなし」として)にさかのぼって老齢基礎年金、老齢厚生年金を請求することも可能です。

※障害基礎年金を除いた年金のことで、障害厚生年金、障害共済年金等の障害給付や遺族基礎年金、遺族厚生年金、遺族共済年金等の遺族給付をいいます。
　老齢基礎年金の場合は、上記の年金の他、障害基礎年金が含まれます。

年金額の増額率は1ヵ月につき0.7%

繰り下げた老齢厚生年金は、繰下げ加算額により増額された額となります。繰下げ加算額は、老齢厚生年金の受給権を取得した日の属する月の前月までの被保険者期間を基礎として計算された老齢厚生年金額と、各受給権者に係る在職老齢年金制度により支給調整された後の額を勘案し、次のとおりとなります。

> 繰下げ加算額 ＝（繰下げ対象額 ＋ 経過的加算額）× 増額率※　　※増額率 ＝ 繰下げ月数 × 0.7%

・繰下げ対象額 ＝ 受給権発生(主に65歳)時点での老齢厚生年金額 × 平均支給率
・平均支給率 ＝ 受給権が発生した月の翌月から繰下げの申し出を行った月までの各月の支給率を計算し、その平均をとったもの
・支給率 ＝ 1 － $\dfrac{各月の在職支給停止額}{受給権発生時点での老齢厚生年金額}$　　※増額率の上限は84%（120月）。それ以上繰り下げても増額率は増えません。

繰下げ支給の上限年齢の引き上げ

繰下げ支給制度の上限年齢については、令和4年4月以降、70歳から75歳に引き上げられました。令和4年4月現在、70歳未満の人及び受給権発生日が平成29年4月1日以降の人に適用されます。

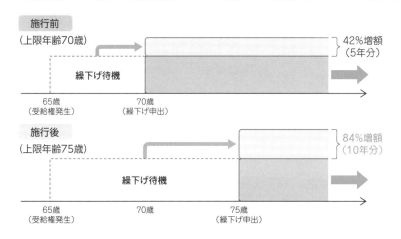

■増額率

受給開始	昭和16.4.1 以前生まれ	昭和16.4.2※ 以後生まれ
66歳	+12%	+8.4%
67歳	+26%	+16.8%
68歳	+43%	+25.2%
69歳	+64%	+33.6%
70歳	+88%	+42.0%
71歳	—	+50.4%
72歳	—	+58.8%
73歳	—	+67.2%
74歳	—	+75.6%
75歳	—	+84.0%

※70歳以降への繰下げは、令和4年4月現在、70歳未満の人及び受給権発生日が平成29年4月1日以降の人に適用。

繰下げ支給の改善

平成26年3月までは、65歳からの年金を70歳に繰り下げて受けるつもりで、72歳になるまで手続きを忘れていた場合、70歳到達時点での増額率が上限となり、72歳から42%増額された年金を受けることになり、70歳から72歳になるまでの年金は受けられませんでした。72歳時点で、さかのぼって増額されない年金を受けることはできますが、5年分しかさかのぼれないので、2年分の年金は受けられませんでした。ただし、この取扱いについては改正が行われ、平成26年4月以降、70歳に達した後に繰下げ支給の申出をした場合、さかのぼって70歳到達時に申出があったものとみなし、翌月分から繰下げ増額された年金が支給されることとなりました。

令和4年4月以降、繰下げ制度の上限年齢が75歳に引き上げられたことに伴い、75歳到達以降に繰下げ支給の申出をした場合、75歳到達時に申出があったものとみなされることとなりました（右図参照）。

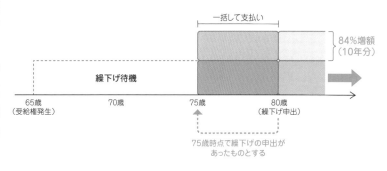

Q&A（繰上げ・繰下げ支給関係）

Q 令和4年4月に61歳になりました。公的年金の繰上げ減額率が1月あたり0.4％に引き下がったそうなので、繰上げ受給を検討しています。私は引き下げられた減額率が適用されますか？

A 新たな繰上げ減額率が適用されるのは、令和4年4月以降に60歳に到達する人です。令和4年4月1日現在、すでに60歳以上の人は以前の減額率が適用されます。

Q 60歳代前半に受けられる特別支給の老齢厚生年金は、繰下げ受給できますか？

A 特別支給の老齢厚生年金は繰下げ受給できません。特別支給の老齢厚生年金を受けられる年齢になっても受給手続きをしていない場合は、早めに手続きをしてください。

Q 老齢厚生年金を繰り下げ受給した場合、どれくらい増額されますか？

A 昭和17年4月2日以降生まれの人が老齢厚生年金を繰り下げて受ける場合、繰下げ1月につき0.7％増額されます。65歳からの年金を5年間繰り下げて70歳から受給する場合、42％（12月×5年×0.7）増額されます。年金額が120万円だった場合の1年間の受給額は、120万円×142％＝170.4万円になります。

Q 70歳まで働いて、繰下げした老齢厚生年金を受けるつもりです。70歳が近くなり、年金見込み額を確認しましたが、繰り下げしても年金額がほとんど増えていないようです。どうしてですか？

A 65歳以降70歳未満の間、厚生年金の被保険者として働き、老齢厚生年金を繰下げした場合、在職老齢年金のしくみで支給停止されなかった額のみを繰り下げることとなります。あなたの場合、給与や年金の合計額が多かったために、年金支給停止額が高くなったかと思われます（下図参照）。

■70歳で退職して繰下げ請求する場合

この部分のみ繰下げ可能

給与や年金の合計額が多いと、この部分が増加する

在職老齢による支給停止
在職老齢による支給額相当
繰下げで支給なし

老齢厚生年金の繰下げ増額分※

老齢厚生年金

老齢基礎年金
（繰下げて増額することもできる）

65歳
（年金請求しない）

70歳
（繰下げ請求・退職時改定）

※経過的加算額も繰下げ増額されます

70歳以降に請求する場合の5年前時点での繰下げ制度の新設

令和5年3月までは、70歳以降に年金の請求手続きを行い、その時点で繰下げ受給を選択しない場合、本来額の年金が受給権発生時から支給されます。ただし、さかのぼって支給されるのは5年分で、それ以前の分は時効により支給されません。

令和5年4月以降は、70歳以降※に請求手続きを行い、その時点で繰下げ受給を選択しない場合、請求手続きの5年前に繰下げの申出があったものとして年金が支給されます。

※昭和27年4月1日以前生まれの方は、70歳到達月まで。

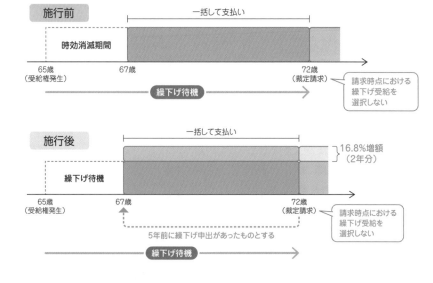

■72歳まで繰下げ待機をしていた者が65歳からの本来受給を選択した場合

施行前

一括して支払い

時効消滅期間

65歳
（受給権発生）

67歳

72歳
（裁定請求）

請求時点における繰下げ受給を選択しない

繰下げ待機

施行後

一括して支払い

16.8％増額
（2年分）

繰下げ待機

65歳
（受給権発生）

67歳

72歳
（裁定請求）

請求時点における繰下げ受給を選択しない

5年前に繰下げ申出があったものとする

繰下げ待機

■繰り上げた場合の累計受給率（令和6年4月現在）
（65歳支給の1年間を100とした場合）

年金を繰り上げて受給した場合の各年齢の累計受給率を表にしました。例えば、本来65歳から受ける年金（100%）を60歳からに繰り上げた場合、24%減額されますので、1年間に受ける年金は76%となります。その年金額をその後も受け続けた場合の各年齢の累計受給率は76%×受給年数となります。各年齢の累計受給率はその年齢の12ヵ月時点となります（繰下げた場合も同様）。

受給開始年齢 累計受給率	60歳	61歳	62歳	63歳	64歳	65歳
60歳時	76	—	—	—	—	—
61歳時	152	80.8	—	—	—	—
62歳時	228	161.6	85.6	—	—	—
63歳時	304	242.4	171.2	90.4	—	—
64歳時	380	323.2	256.8	180.8	95.2	—
65歳時	456	404.0	342.4	271.2	190.4	100
66歳時	532	484.8	428.0	361.6	285.6	200
67歳時	608	565.6	513.6	452.0	380.8	300
68歳時	684	646.4	599.2	542.4	476.0	400
69歳時	760	727.2	684.8	632.8	571.2	500
70歳時	836	808.0	770.4	723.2	666.4	600
71歳時	912	888.8	856.0	813.6	761.6	700
72歳時	988	969.6	941.6	904.0	856.8	800
73歳時	1,064	1,050.4	1,027.2	994.4	952.0	900
74歳時	1,140	1,131.2	1,112.8	1,084.8	1,047.2	1,000
75歳時	1,216	1,212.0	1,198.4	1,175.2	1,142.4	1,100
76歳時	1,292	1,292.8	1,284.0	1,265.6	1,237.6	1,200
77歳時	1,368	1,373.6	1,369.6	1,356.0	1,332.8	1,300
78歳時	1,444	1,454.4	1,455.2	1,446.4	1,428.0	1,400
79歳時	1,520	1,535.2	1,540.8	1,536.8	1,523.2	1,500
80歳時	1,596	1,616.0	1,626.4	1,627.2	1,618.4	1,600
81歳時	1,672	1,696.8	1,712.0	1,717.6	1,713.6	1,700
82歳時	1,748	1,777.6	1,797.6	1,808.0	1,808.8	1,800
83歳時	1,824	1,858.4	1,883.2	1,898.4	1,904.0	1,900
84歳時	1,900	1,939.2	1,968.8	1,988.8	1,999.2	2,000

※累計受給率の各年齢は12ヵ月時点。
※███ 部分は、65歳受給時より累計受給率が低くなる部分です。
※令和6年度の年金額改定で、「昭和31年4月1日以前生まれの人」と「昭和31年4月2日以後生まれの人」が異なる年金額となりました（4〜5頁参照）。その影響で、実際の受給率は、上表と異なる場合があります。

■繰り下げた場合の累計受給率（令和6年4月現在）
（65歳支給の1年間を100とした場合）

受給開始年齢 累計受給率	65歳	66歳	67歳	68歳	69歳	70歳	71歳	72歳	73歳	74歳	75歳
65歳時	100	—	—	—	—	—	—	—	—	—	—
66歳時	200	108.4	—	—	—	—	—	—	—	—	—
67歳時	300	216.8	116.8	—	—	—	—	—	—	—	—
68歳時	400	325.2	233.6	125.2	—	—	—	—	—	—	—
69歳時	500	433.6	350.4	250.4	133.6	—	—	—	—	—	—
70歳時	600	542.0	467.2	375.6	267.2	142	—	—	—	—	—
71歳時	700	650.4	584.0	500.8	400.8	284	150.4	—	—	—	—
72歳時	800	758.8	700.8	626.0	534.4	426	300.8	158.8	—	—	—
73歳時	900	867.2	817.6	751.2	668.0	568	451.2	317.6	167.2	—	—
74歳時	1,000	975.6	934.4	876.4	801.6	710	601.6	476.4	334.4	175.6	—
75歳時	1,100	1,084.0	1,051.2	1,001.6	935.2	852	752.0	635.2	501.6	351.2	184
76歳時	1,200	1,192.4	1,168.0	1,126.8	1,068.8	994	902.4	794.0	668.8	526.8	368
77歳時	1,300	1,300.8	1,284.8	1,252.0	1,202.4	1,136	1,052.8	952.8	836.0	702.4	552
78歳時	1,400	1,409.2	1,401.6	1,377.2	1,336.0	1,278	1,203.2	1,111.6	1,003.2	878.0	736
79歳時	1,500	1,517.6	1,518.4	1,502.4	1,469.6	1,420	1,353.6	1,270.4	1,170.4	1,053.6	920
80歳時	1,600	1,626.0	1,635.2	1,627.6	1,603.2	1,562	1,504.0	1,429.2	1,337.6	1,229.2	1,104
81歳時	1,700	1,734.4	1,752.0	1,752.8	1,736.8	1,704	1,654.4	1,588.0	1,504.8	1,404.8	1,288
82歳時	1,800	1,842.8	1,868.8	1,878.0	1,870.4	1,846	1,804.8	1,746.8	1,672.0	1,580.4	1,472
83歳時	1,900	1,951.2	1,985.6	2,003.2	2,004.0	1,988	1,955.2	1,905.6	1,839.2	1,756.0	1,656
84歳時	2,000	2,059.6	2,102.4	2,128.4	2,137.6	2,130	2,105.6	2,064.4	2,006.4	1,931.6	1,840
85歳時	2,100	2,168.0	2,219.2	2,253.6	2,271.2	2,272	2,256.0	2,223.2	2,173.6	2,107.2	2,024
86歳時	2,200	2,276.4	2,336.0	2,378.8	2,404.8	2,414	2,406.4	2,382.0	2,340.8	2,282.8	2,208

※累計受給率の各年齢は12ヵ月時点。
※███ 部分は、65歳受給時より累計受給率が高くなる部分です。
※令和6年度の年金額改定で、「昭和31年4月1日以前生まれの人」と「昭和31年4月2日以後生まれの人」が異なる年金額となりました（4〜5頁参照）。その影響で、実際の受給率は、上表と異なる場合があります。

高年齢雇用継続給付と在職年金

高年齢雇用継続給付とは

　雇用保険の給付には、失業した場合に受けられる基本手当などの他に、60歳以上の高齢者の雇用の継続を促進するための「高年齢雇用継続給付」があります。高年齢雇用継続給付には「高年齢雇用継続基本給付金」と「高年齢再就職給付金」の2種類の給付があり、雇用保険の被保険者期間が5年以上あることや、再就職後の賃金が60歳到達時の賃金の75%未満になったことなどの支給要件を満たす必要があります。

高年齢雇用継続給付

1 高年齢雇用継続基本給付金

　60歳到達日に雇用保険の被保険者期間が5年以上あり、基本手当を受給しないで再就職等をした人が受けられる給付です。60歳以上65歳未満の賃金が60歳到達時賃金の75%未満となった人に対して、60歳以上65歳未満の賃金の15%を上限に「高年齢雇用継続基本給付金」が支給されます。60歳到達日以降に被保険者期間が5年以上となった人にも支給されますが、支給されるのは65歳到達月までです。

　ただし、以下の場合には支給されません。
①60歳以上65歳未満の各月に支払われた賃金が370,452円以上の場合
②高年齢雇用継続基本給付金として算定された額が2,196円（賃金日額下限額の2,746円×80%）以下の場合
③月の初日から末日まで引き続き被保険者でなかった月

支　給　期　間

　上記の要件を満たした人に、65歳到達月まで支給します。

高年齢雇用継続基本給付金の受給期間

2 高年齢再就職給付金

　雇用保険の被保険者期間が5年以上ある人で、基本手当を受けた後に再就職をした人が受けられる給付です。その他の要件は左記「高年齢雇用継続基本給付金」の①～③と同じです。

　ただし、再就職した日の前日における基本手当の支給残日数が、100日以上あることが必要です。

支　給　期　間

　基本手当の支給残日数が①100日以上200日未満の場合、再就職した日の翌日から1年間、②200日以上の場合、再就職した日の翌日から2年間です。ただし、支給が行われるのは65歳に達する月までです。

　同一の就職で再就職手当を受けた場合、高年齢再就職給付金は受けられません。

※金額は令和5年8月1日～令和6年7月31日。
※高年齢雇用継続基本給付金、高年齢再就職給付金を受けている人が在職老齢年金を受けるときは、標準報酬月額の6%を限度に年金が停止されます。

高年齢再就職給付金の受給期間

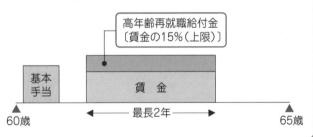

高年齢雇用継続給付の給付額

　高年齢雇用継続給付は、再就職後の各月に支払われた賃金が60歳到達時等の賃金の75%未満の場合に支給されますが、61%未満の場合に再就職後の賃金の15%が支給され、61%以上75%未満の場合は、下記の計算式によって計算された額が支給されます。

Ⓐ…60歳以後の再就職後の賃金　Ⓑ…60歳到達時の賃金

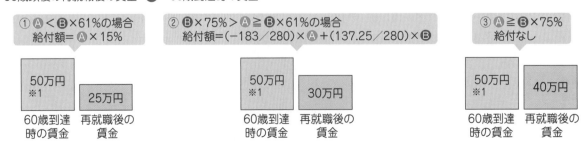

| ①Ⓐ<Ⓑ×61%の場合 給付額＝Ⓐ×15% | ②Ⓑ×75%＞Ⓐ≧Ⓑ×61%の場合 給付額＝（－183／280）×Ⓐ＋（137.25／280）×Ⓑ | ③Ⓐ≧Ⓑ×75% 給付なし |

※1　60歳到達時の賃金月額が486,300円（令和5年8月1日～令和6年7月31日）以上の場合は、486,300円として賃金の低下率を計算します。
※　60歳以後の再就職後の賃金が支給限度額（令和5年8月1日～令和6年7月31日は370,452円）以上の場合、高年齢雇用継続給付は支給されません。

高年齢雇用継続給付と年金の調整

　60歳から65歳になるまでの間、会社勤めをしている方が高年齢雇用継続給付と在職老齢年金が同時に受けられる場合、老齢厚生年金は在職老齢年金（40〜41頁参照）の支給停止に加えて高年齢雇用継続給付との調整が行われることとなっています。（「老齢厚生・退職共済年金受給権者支給停止事由該当届」（該当届）の提出は、一般厚年期間分の年金の場合、平成25年10月以降受給開始分から不要となりました）

　高年齢雇用継続給付は、各月に実際に支給される賃金と原則として60歳到達時の賃金（または60歳到達日以降に被保険者期間が5年以上となった場合の賃金）との低下割合によって、雇用保険給付情報により支給停止の解除または再停止の処理が行われるので、その後届出を提出する必要はありません。

高年齢雇用継続給付と年金との調整の計算

　高年齢雇用継続給付と在職老齢年金が同時に支給される場合の調整は、再就職後の賃金が60歳到達時等の賃金の61%未満の場合、標準報酬月額の6%が年金から支給停止されます。61%以上75%未満の場合などは、下記の計算式によって計算された額が年金から支給停止されます。

①60歳以後の標準報酬月額がみなし賃金月額※1（60歳到達時の賃金月額）の61%未満であるとき

$$調整額＝標準報酬月額 × \frac{6}{100}$$

②標準報酬月額がみなし賃金月額の61%以上75%未満であるとき

$$調整額＝標準報酬月額 × 調整率 \underbrace{\quad}_{} \frac{第1号－(第2号＋第3号)}{第2号} × \frac{6}{15}$$

第1号：みなし賃金月額×75/100
第2号：標準報酬月額
第3号：（第1号－第2号）×4.85/14
＝（みなし賃金月額×75/100－標準報酬月額）×4.85/14

③標準報酬月額と高年齢雇用継続給付との合計額が支給限度額※2を超えるとき

$$調整額＝(支給限度額－標準報酬月額) × \frac{6}{15}$$

※1　みなし賃金月額とは、60歳までの6ヵ月間（60歳到達時にすでに退職している人の場合は離職前の直前6ヵ月間）に支払われた賃金の総額を180で除して30を乗じて得た額のことです。
※2　令和5年8月1日〜令和6年7月31日は370,452円。支給限度額は毎年8月に改定されます。
※　上記の調整額はいずれも月額ですが、実際の調整額は在職老齢年金の場合と同様に年額をベースにして計算します。したがって、上記の調整額に12を乗じて調整額の年額を算出した上で、年金の支給額を算出することになります。

　なお、①から③による調整額が、加給年金額を除く在職老齢年金による調整後の年金支給額を超えるときは、老齢厚生年金は全額が支給停止となり、加給年金額も支給されません。

■高年齢雇用継続給付の支給率及び年金停止率早見表（目安：雇用支給率の4割が年金停止率となっています）

賃金割合	雇用支給率	年金停止率	賃金割合	雇用支給率	年金停止率	賃金割合	雇用支給率	年金停止率	賃金割合	雇用支給率	年金停止率
75%以上	0.00%	0.00%	71.00%	3.68%	1.47%	67.00%	7.80%	3.12%	63.00%	12.45%	4.98%
74.50%	0.44%	0.18%	70.50%	4.17%	1.67%	66.50%	8.35%	3.34%	62.50%	13.07%	5.23%
74.00%	0.88%	0.35%	70.00%	4.67%	1.87%	66.00%	8.91%	3.56%	62.00%	13.70%	5.48%
73.50%	1.33%	0.53%	69.50%	5.17%	2.07%	65.50%	9.48%	3.79%	61.50%	14.35%	5.74%
73.00%	1.79%	0.72%	69.00%	5.68%	2.27%	65.00%	10.05%	4.02%	61%未満	15.00%	6.00%
72.50%	2.25%	0.90%	68.50%	6.20%	2.48%	64.50%	10.64%	4.26%			
72.00%	2.72%	1.09%	68.00%	6.73%	2.69%	64.00%	11.23%	4.49%			
71.50%	3.20%	1.28%	67.50%	7.26%	2.90%	63.50%	11.84%	4.73%			

■60歳以降も働いている場合の賃金・雇用保険・年金の調整

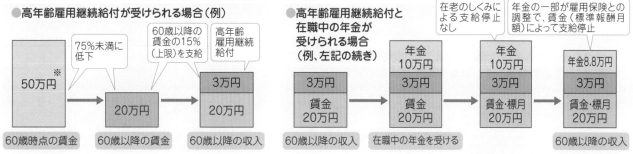

●高年齢雇用継続給付が受けられる場合（例）
●高年齢雇用継続給付と在職中の年金が受けられる場合（例、左記の続き）

※60歳到達時の賃金が486,300円（令和5年8月1日〜令和6年7月31日）以上の場合は、486,300円として賃金の低下率を計算します。

高年齢雇用継続給付と賞与

　高年齢雇用継続給付は「賃金月額」に対して支給される給付であることから、賞与を含まない「標準報酬月額」を対象として年金の調整が行われます。

雇用保険と年金の調整❷
基本手当と年金

失業したときの給付

　退職して失業状態（働く意思と能力があるにも関わらず、職業に就くことができないことをいいます）にある人に、求職活動をする間支給されるのが雇用保険の「求職者給付」です。

　求職者給付の主なものは、失業給付といわれる「基本手当」で、離職の日以前の2年（1年）間に雇用保険の被保険者期間が通算して12ヵ月（6ヵ月）以上ある人が、求職の申込みをし、受給資格の決定を受けた後に支給されます。

　なお、倒産・解雇等により再就職の準備をする時間的余裕なく離職を余儀なくされた特定受給資格者、また労働契約が更新されなかったことにより離職した特定理由離職者については、基本手当等の受給要件や給付日数について手厚い給付となっています。

※（　）は、倒産・解雇等の理由で離職した場合。

受けられる期間は原則1年間

　基本手当を受給できる期間は、離職の翌日から原則1年間と決められています。その期間内で失業している日について、被保険者期間・離職理由・年齢に応じて決められた給付日数分の基本手当を受けます。したがって、求職の申込みが遅れたときなどは、決められた日数分を全部受けないうちに支給期間が終了してしまう場合もありますので、注意が必要です。

| 受給期間の特例 |

①定年退職後、しばらく休養したいときは1年延長

　60歳以上の定年や定年後の再雇用期間満了などで離職した人が一定期間求職の申込みを希望しないときは、受給期間が1年を限度に延長され、最大2年間まで受けられます。

> **手続き** 離職の翌日から2ヵ月以内に「受給期間延長申請書」と離職票を住所地を管轄するハローワークに提出。

②病気、出産、介護などで職業に就けない人は3年延長

　病気やケガ、出産や育児、介護などで引き続き30日以上職業に就くことができない人には、受給期間が3年を限度に延長され、最大4年間まで受けられます。

> **手続き** 該当の翌日から受給期間終了日までに「受給期間延長申請書」と受給資格者証または離職票を住所地を管轄するハローワークに提出。

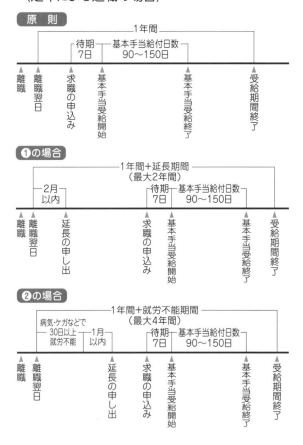

■基本手当の給付日数と受給期間
（定年による退職の場合）

基本手当の給付日数

　基本手当の給付日数は、勤続年数（倒産・解雇等の場合は年齢も含みます）によって決められます。平成15年5月から基本手当の給付日数が変更され、従来一般労働者とパート労働者で異なっていた給付日数は一本化されました。その結果、定年退職や自己都合退職の場合は、最大で150日、被保険者期間10年未満の場合は一律90日となります。

失業給付は求職者への給付

60歳以上65歳未満で退職した場合、雇用保険の算定基礎期間と年齢に応じて離職前の賃金日額の4.5割程度の失業給付（基本手当）が支給されます。失業給付は、働く意思と能力があるにもかかわらず職業に就くことができない人に対して再就職までの経済的支援をするための給付です。雇用保険の基本手当を受けている間は、65歳未満で支給される老齢厚生年金または退職共済年金（退職共済年金のうち職域加算部分については調整対象とはなりません）は、全額支給停止となります。（「老齢厚生・退職共済年金受給権者支給停止事由該当届」の提出は、一般厚年期間分の年金の場合、平成25年10月以降受給開始分から不要となりました）

なお、所定給付日数の経過など、年金の支給停止事由が終了した場合は雇用保険給付情報により支給停止の解除処理がされるので、本人の届出は必要ありません。

調整の基本的なしくみ

求職の申込みを行った日の属する月の翌月から基本手当の受給期間が経過するに至った日[※1]の属する月または所定給付日数を受け終わった日[※2]の属する月まで（これを「調整対象期間」といいます）、60歳代前半の老齢厚生年金が支給停止されます。ただし、調整対象期間において基本手当を受けたとみなされる日及びそれに準ずる日が1日もない月がある場合、その月については、老齢厚生年金が事後に支給されます。

なお、求職の申込みをしてから7日間は「待期期間」として失業給付は支給されません。また、自己都合退職など退職事由によって1〜3ヵ月の給付制限が設けられています。

※1 受給期間が経過した日…受給期間満了日の翌日　　※2 所定給付日数を受け終わった日…最後の失業認定日

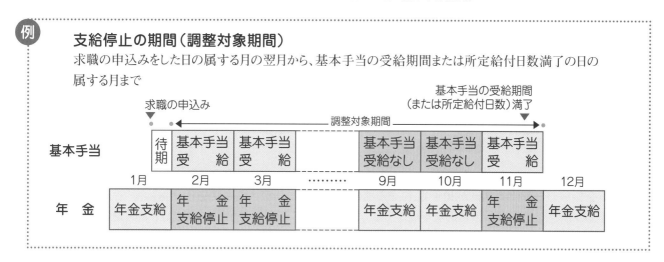

例 支給停止の期間（調整対象期間）
求職の申込みをした日の属する月の翌月から、基本手当の受給期間または所定給付日数満了の日の属する月まで

●事後精算について

調整対象期間中において、失業給付（基本手当）を受けたとみなされる日やこれに準ずる日が1日でもある月については60歳代前半の老齢厚生年金が支給停止されることとなりますが、同じ日数分の基本手当を受けた場合でも、人によって年金の支給停止月数が異なるという不合理なケースが生じます。このため、基本手当の受給期間が経過した日（または所定給付日数を受け終わった日）において、一定の調整が行われます。これを事後精算といいます。

●事後精算のしくみ

基本手当の受給期間が経過した日（または所定給付日数を受け終わった日）において、次の式で計算した支給停止解除月数が1以上である場合には、その月数分の年金停止が解除され、直近の支給停止月より順次前にさかのぼって老齢厚生年金が支給されます。なお、所定給付日数を残したまま再就職した時は、受給期間満了月をもって事後精算が行われます。

$$支給停止解除月数 \;=\; 年金支給停止月数 \;-\; \frac{基本手当の支給対象となった日数}{30}$$

※基本手当の支給対象となった日数を30で除して得た数に1未満の端数が生じる場合は、その端数を1に切り上げます。

65歳以降の老齢年金

本項におきましては、昭和31年4月2日以後生まれの人の年金額を掲載しています(詳細は4〜5頁参照)。

1階部分の一元化で定額部分を基礎年金に移行

昭和60年の年金改正で、それまで分立していた厚生年金保険、公務員等の共済年金、自営業者等の国民年金の「基礎的・生活保障的」部分の給付が「国民年金からの基礎年金」に統一されました。

従来の厚生年金保険の給付「定額部分」を「新国民年金」からの「老齢基礎年金」に移行、「報酬比例部分」を「老齢厚生年金」に移行し、「定額単価」と「報酬比例部分の給付乗率」について、段階的に引き下げ、年金支給開始年齢を段階的に65歳に引き上げる経過期間にあります。

法律上の老齢年金の支給開始年齢は65歳

国の老齢年金の支給開始は原則として65歳からですが、厚生年金保険の被保険者期間が1年以上あり、昭和36年(女性は41年)4月1日までに生まれた方は、60歳から65歳に達するまでの間に、「定額部分+報酬比例部分の老齢厚生年金」または「報酬比例部分相当の老齢厚生年金」が生年月日、性別によって受けられます。女性は男性よりも5年遅れで支給開始年齢が引き上げられます。65歳になると、「定額部分」の年金が「老齢基礎年金」に切り替わるとともに、国民年金の第1号被保険者や第3号被保険者期間のある人は、その加入期間にかかる老齢基礎年金も加算されることとなります。「報酬比例部分」は65歳になると「老齢厚生年金」に切り替わります。

65歳前に報酬比例部分と定額部分が受けられる人
男性　S16.4.2 〜 S24.4.1生まれ
女性　S21.4.2 〜 S29.4.1生まれ

65歳前に報酬比例部分(相当)が受けられる人
男性　S24.4.2 〜 S36.4.1生まれ
女性　S29.4.2 〜 S41.4.1生まれ

65歳から老齢基礎年金と老齢厚生年金が受けられる人
男性　S36.4.2以後生まれ
女性　S41.4.2以後生まれ

● **定額部分または老齢基礎年金が支給される時期から加給年金額が加算**

厚生年金保険の被保険者期間が20年以上、または40歳(女性は35歳)からの厚生年金保険の被保険者期間が15〜19年以上ある年金受給権者に恒常的な年収が850万円未満の65歳未満の配偶者または18歳到達年度の末日までの子がある場合、定額部分の年金または老齢基礎年金が支給される時期から加給年金額が併せて支給されます(32頁参照)。

● **経過的加算額(定額部分の年金額と老齢基礎年金額の差額)**

65歳からの年金額は、特別支給の老齢厚生年金の定額部分に相当するものが老齢基礎年金となりますが、当面は老齢基礎年金に比べて定額部分の方が高い額となります。これは、定額部分は生年月日に応じた高い率があること、厚生年金保険被保険者期間のうちの20歳前の期間と60歳以後の期間は老齢基礎年金の年金額の対象とされないことなどによるものです。具体的には定額部分に相当する額から、その人の厚生年金保険の被保険者期間について支給される老齢基礎年金の額を差し引いた額が経過的加算額として支給されます。

$$\text{定額部分の年金額} \ - \ 816,000円 \ \times \ \frac{昭和36年4月以後で20歳以上60歳未満の厚生年金保険被保険者月数}{加入可能年数 \times 12(月)}$$

(31頁参照)　(令和6年度の満額の老齢基礎年金額)

在職中は在職老齢年金で年金額が調整される

老齢基礎年金の受給資格があり、厚生年金保険に1ヵ月以上加入した人が65歳以後に厚生年金保険の被保険者として勤務すると、総報酬月額相当額と基本月額(老齢厚生年金月額)の合計額によっては、在職老齢年金のしくみで年金額が調整されます(次頁参照)。

在職中の年金（65歳以降）

具体的なしくみ

　平成12年年金改正により平成14年4月から導入された65歳以上の在職老齢年金制度では、老齢基礎年金及び経過的加算額は全額支給されます。支給停止額は経過的加算額を除いた老齢厚生年金（報酬比例部分）の年金月額と総報酬月額相当額との合計額で計算されます。

　基本月額は経過的加算額を除いた老齢厚生年金の額を12等分した額です。基本月額と総報酬月額相当額の合計額が50万円（支給停止調整額）以下の場合、支給停止はなく老齢厚生年金は全額支給されます。50万円（支給停止調整額）を超える場合に、超える額の2分の1が基本月額（老齢厚生年金月額）から支給停止されます。

※支給停止額が経過的加算額を除く老齢厚生年金額以上であるときは、加給年金額は支給されません。

総報酬月額相当額と基本月額の合計額	基本月額	総報酬月額相当額	支給停止額の計算式
500,000円以下			停止額＝0円
500,000円を超える			停止額＝下の式で算出

支給停止（50万円を超える2分の1）
基本月額※1
総報酬月額相当額※2
50万円

$$支給停止額＝（総報酬月額相当額^{※2}＋基本月額^{※1}－50万円）× \frac{1}{2} × 12$$
（年額）

※1　基本月額＝老齢厚生年金月額－経過的加算額（月額）

$$※2　総報酬月額相当額＝その月の標準報酬月額＋\frac{その月以前1年間に受けた標準賞与額の合計額}{12}$$

■在職老齢年金早見表（基本月額と総報酬月額相当額が交差する欄の額が、支給される年金額です）
（単位:万円）

	基本月額※										
総報酬月額相当額	10.0	11.0	12.0	13.0	14.0	15.0	16.0	17.0	18.0	19.0	20.0
9.8	10.0	11.0	12.0	13.0	14.0	15.0	16.0	17.0	18.0	19.0	20.0
15.0	10.0	11.0	12.0	13.0	14.0	15.0	16.0	17.0	18.0	19.0	20.0
20.0	10.0	11.0	12.0	13.0	14.0	15.0	16.0	17.0	18.0	19.0	20.0
25.0	10.0	11.0	12.0	13.0	14.0	15.0	16.0	17.0	18.0	19.0	20.0
30.0	10.0	11.0	12.0	13.0	14.0	15.0	16.0	17.0	18.0	19.0	20.0
35.0	10.0	11.0	12.0	13.0	14.0	15.0	15.5	16.0	16.5	17.0	17.5
40.0	10.0	10.5	11.0	11.5	12.0	12.5	13.0	13.5	14.0	14.5	15.0
45.0	7.5	8.0	8.5	9.0	9.5	10.0	10.5	11.0	11.5	12.0	12.5
50.0	5.0	5.5	6.0	6.5	7.0	7.5	8.0	8.5	9.0	9.5	10.0
55.0	2.5	3.0	3.5	4.0	4.5	5.0	5.5	6.0	6.5	7.0	7.5
60.0	0.0	0.5	1.0	1.5	2.0	2.5	3.0	3.5	4.0	4.5	5.0
65.0	0.0	0.0	0.0	0.0	0.0	0.0	0.5	1.0	1.5	2.0	2.5
70.0	0.0	0.0	0.0	0.0	0.0	0.0	0.0	0.0	0.0	0.0	0.0

※基本月額＝老齢厚生年金月額－経過的加算額（月額）

【用語の解説】支給停止調整額

　65歳以降の年金の支給停止の基準となる「支給停止調整額」は、60歳代前半の在職老齢年金の「支給停止調整額」と同様、48万円に平成17年度以後の名目賃金変動率を乗じて1万円単位で変動した場合（5千円以上切り上げ、5千円未満切り捨て）、改定されます。令和6年度の支給停止調整額は前年度から2万円上昇し、50万円です。

計算の手順のポイント

　支給される在職老齢年金額は、次の順序で計算していきます。

 ❶ 基本月額※1を算出　→　 ❷ 総報酬月額相当額を算出　→　 ❸ 支給停止額を算出　→　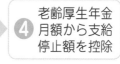 ❹ 老齢厚生年金月額から支給停止額を控除　→　❺ 加給年金額の有無を判断

※1　加給年金額・経過的加算額を除く老齢厚生年金月額。
※2　基本月額の全額が支給停止されると、加給年金額も支給停止となります。経過的加算額はこの場合でも全額支給されます。

70歳以上の在職者にも在職老齢年金制度を適用

　70歳以上の在職者に、上記の65歳以降の在職老齢年金制度が適用されています。対象は85頁の届出の対象者と同じです。

　70歳以上の被用者（在職者）は、厚生年金保険の被保険者とならないため、一部を除き事業主は70歳以上の被用者について届出を行うこととなります（85頁参照）。なお、70歳以上で退職等した場合の年金額改定の取扱いは、退職等した日の属する月まで支給停止（減額）、翌月から年金額が改定・支給（満額）されます。

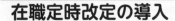

在職定時改定の導入

　令和4年3月までは、65歳以降に老齢厚生年金の受給権を取得した後に厚生年金の被保険者として働いて保険料を納めている場合、退職時または70歳到達時に、受給権を取得した後の被保険者期間を加えて老齢厚生年金額が改定されていました。

　法改正により、令和4年4月以降、65歳以降の厚生年金の被保険者について、在職中も年金額の改定が年1回9月に行われ、10月分の年金から反映されます。

■70歳まで継続勤務の場合

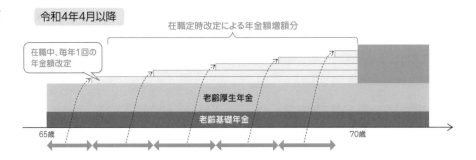

在職定時改定の導入による加給年金額への影響

　上記のように、令和4年4月以降、65歳以降の厚生年金の被保険者について、在職中も年金額の改定が年1回行われることとなりました。改正に伴い、在職定時改定により、老齢厚生年金の計算基礎となる被保険者期間が240月以上になった場合、その時点の生計維持関係によって加給年金額が加算されることとなりました。

■67歳時に厚生年金の被保険者期間が
　240月以上になった場合の例

（右図は例示です。要件を満たした場合
　には振替加算が支給されます。）

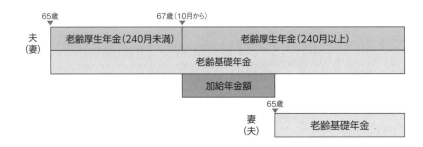

加給年金額の支給停止規定の見直し

　加給年金額の加算対象となる配偶者が、厚生年金の被保険者期間が240月以上ある老齢年金等や、障害厚生年金を受ける権利がある場合、本人の加給年金額は支給停止となります。ただし、令和4年3月までは、在職老齢年金のしくみ等で配偶者に対する給付が全額支給停止されている場合は、加給年金額が支給されていました。

　令和4年4月以降は、配偶者の厚生年金被保険者期間が240月以上ある老齢年金等が在職老齢年金のしくみ等で全額支給停止となっている場合、加給年金額は支給停止となります。ただし、令和4年3月時点で、加給年金額が支給されている場合、引き続き支給される経過措置が設けられています。

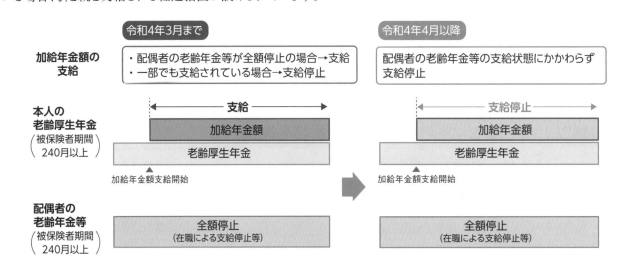

被用者年金制度一元化法

　平成27年10月1日に「被用者年金制度の一元化等を図るための厚生年金保険等の一部を改正する法律（以下、被用者年金制度一元化法）」が施行され、被用者の年金制度である厚生年金と共済年金が、厚生年金に統合されました。

　統合に伴い、制度上の差異は、原則、厚生年金に合わせることで解消されました。ただし、新たに制度が設けられるもの、共済年金に合わせるもの、それぞれの制度が残されるものもあり、注意が必要です。

被保険者の種別が設けられました

　以前は民間企業に勤めている方は厚生年金に加入し、公務員等は国家公務員共済・地方公務員共済・私学共済という3つの共済組合に分かれて加入していました。平成27年10月1日の一元化後は、公務員等も厚生年金に加入することになりました。

　一元化以降、公務員等が、加入している共済組合等によって「第2号〜第4号厚生年金被保険者」という名称になったため、従来から厚生年金に加入している方は「第1号厚生年金被保険者」となりました（下表参照）。

　保険料の徴収や年金額の決定、支払いなどの事務は、第1号厚生年金被保険者期間は日本年金機構が、第2号〜第4号厚生年金被保険期間は各共済組合等が実施機関です。

■一元化後の厚生年金被保険者の種別と名称等

被保険者の種別	対象者	名称（略称）	実施機関
第1号厚生年金被保険者	従来からの厚生年金被保険者	一般厚年被保険者（一般厚年）	厚生労働大臣（日本年金機構）
第2号厚生年金被保険者	国家公務員共済組合の組合員	国家公務員等厚年被保険者（公務員厚年）	国家公務員共済組合連合会等
第3号厚生年金被保険者	地方公務員共済組合の組合員	地方公務員等厚年被保険者（公務員厚年）	各共済組合等
第4号厚生年金被保険者	私立学校教職員共済制度の加入者	私学教職員厚年被保険者（私学厚年）	日本私立学校振興・共済事業団

共済組合等の加入期間がある方の変更点

■主な変更点

- 一元化後の厚生年金に関する届書等は、ワンストップサービスとして日本年金機構または各共済組合等のどの窓口でも受け付けします。
- 平成27年10月以降の一元化後の厚生年金の決定・支払いは、従来通り、実施機関である日本年金機構または各共済組合等がそれぞれ行います。
- 共済組合等の加入期間がある方で、一元化後に年金を受ける権利が発生する被保険者及び受給者の方については、共済組合等のほか、日本年金機構の窓口でも相談できます。

●届書等の受け付け

　一元化後の厚生年金に関する届書等※は、ワンストップサービスとして日本年金機構（年金事務所）または各共済組合等の実施機関（上表参照）のどの窓口でも受け付けします。

　従来、他の実施機関に係る加入期間や年金の受給を明らかにする書類として、「年金加入期間確認通知書」や「年金証書」等の提出が必要でしたが、原則として添付が不要となります。

※①一元化前に権利が発生した共済年金に関する各種届書等は従来どおり各共済組合等が受け付けします。
　②障害給付の届書等の一部の届書を除きます。　③老齢年金の請求書は、現在加入している実施機関、または最後に加入していた実施機関から送付されます。

●年金の決定・支払い

（1）一元化後の老齢厚生年金及び遺族厚生年金（長期要件：年金を受けている方が亡くなった場合等）は、それぞれの加入期間ごとに各実施機関が決定・支払いを行います。老齢厚生年金の加給年金及び遺族厚生年金の中高齢寡婦加算については、それぞれの加入期間を合算して支給要件を判定し、政令で定める優先順位の高い年金に加算します。

（2）一元化後の障害厚生年金、障害手当金及び遺族厚生年金（短期要件：被保険者が亡くなった場合等）については、初診日または死亡日に加入していた実施機関が他の実施機関の加入期間分も含め年金額を計算し、決定・支払いを行います。

（3）一元化後の複数の老齢厚生年金を受ける権利のある方が、老齢厚生年金の繰上げ・繰下げ請求を行う場合は、すべての老齢厚生年金について繰上げ・繰下げ後の年金が支給されます。（一方のみ繰上げ・繰下げ請求することはできません。）

企業年金制度の概要

　企業年金の形態は、確定給付型と確定拠出型の2種類に大別されます。

　本格的な高齢社会の到来を見据えて、企業年金加入者の受給権保護を図るための見直しが行われ、平成14年4月に確定給付企業年金法が施行されました。その一方で、加入者本人が年金資産を運用し、その運用結果次第で将来の受給額が変動する確定拠出型の制度を規定する確定拠出年金法が、平成13年10月に施行されています。

企業年金制度の体系図

　体系図に示されているもののうち、厚生年金基金、確定給付企業年金(規約型・基金型)、国民年金基金は確定給付型の年金です。公務員等が加入する共済組合は、平成27年10月に厚生年金に統合されました。

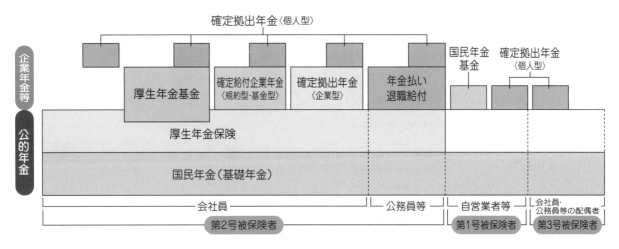

確定給付年金及び確定拠出年金の特徴

　将来の給付水準を前もって定め、それに見合う掛金額を設定するのが確定給付年金です。年金資産の運用次第では、不足金償却のための特別掛金等が発生します。反対に、掛金の拠出水準を前もって定め、加入者の自己責任で資産運用した結果に応じて、将来の給付額が決まるのが確定拠出年金です。

■確定拠出年金
・確定拠出年金法(平13.10.1施行)に基づき運営される。
・厚生労働大臣の承認を受ける。
・「企業型」の掛金は原則事業主負担だが、拠出限度額内かつ事業主の掛金額を超えない範囲内で加入者の拠出が可能。
・年金資産は加入者本人が運営管理機関に対し運用指図をする。

■確定給付企業年金
・確定給付企業年金法(平14.4.1施行)に基づき運営される。
・厚生労働大臣の認可、承認を受ける。
・掛金は事業主負担が原則で、規約に定めれば加入者本人も拠出できる。
・年金資産は金融機関、証券会社等で運用。

■厚生年金基金
・厚生年金保険法(昭41.10.1施行)に基づき運営される。
・厚生労働大臣の認可を受ける。
・代行掛金は事業主と加入員の折半負担を原則とし、上乗せ分は事業主負担とすることが多い。
・年金資産は生命保険会社、信託銀行、金融商品取引業者で運用。
・平成26年4月に厚生年金基金制度の見直しに関する法律が施行され、①基金の新設の禁止、②基準を満たさない基金への解散命令の発動などが規定された。

確定給付企業年金

確定給付企業年金法（平成14年4月施行）によって、従来の厚生年金基金や適格退職年金のほかに、確定給付型の企業年金における新たな形態として、基金型企業年金と規約型企業年金が加わりました。この2つの企業年金は老齢給付を基本としますが、障害給付と遺族給付の制度設計も可能です。

基金型企業年金の枠組み

厚生労働大臣の認可を受けて企業が設立し、母体企業とは別法人として組織された**企業年金基金**が運営主体になります。年金資産を管理・運用し、それら年金原資をもとに、将来は加入者に年金給付をします。厚生年金基金とは異なり、老齢厚生年金の代行給付は行いません。

- 労使が合意した年金規約に基づいて制度設計されます。
- 母体企業とは別法人の組織を設立しますが、その名称の中には「企業年金基金」の文字を必ず使用しなければなりません。
- 基金が金融機関等を通じて年金資産を管理・運用します。

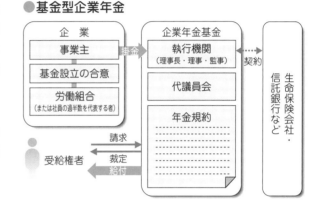

●基金型企業年金

規約型企業年金の枠組み

厚生労働大臣の承認を受けて企業が設立します。企業が運営主体となり、母体企業の外で年金資産を管理・運用し、将来は加入者に年金給付をします。基金型企業年金と同じく、老齢厚生年金の代行給付は行いません。

- 労使が合意した年金規約に基づいて制度設計されます。
- 企業は生命保険会社・信託銀行等と保険・信託契約などを結びます。
- 保険・信託契約などを結んだ委託先金融機関が年金資産を管理・運用します。

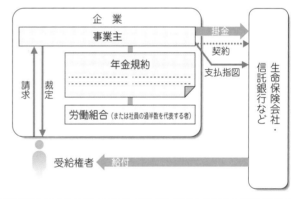

●規約型企業年金

加入者や掛金等についての基準や規程など

確定給付企業年金法には積立義務・受託者責任・情報開示などの受給権保護についての基準を満たすための前提として、加入者資格や掛金等についての基準も幅広く盛り込まれています。それらの要件をクリアしている場合、厚生労働大臣の認可や承認を受けて、基金型企業年金または規約型企業年金としての設立が認められます。

加入者	・厚生年金保険が適用されて確定給付企業年金を実施する事業所に使用される被保険者などを加入者とする。ただし、年金規約で一定の加入資格を定めることも可能。	
掛金	・事業主が年に1回以上拠出する。ただし、掛金総額の2分の1を超えないことと加入者の同意を条件にして、掛金における加入者の一部負担についての項目を規約に定めることができる。 ・掛金額については、定額または給与に一定割合を乗ずる方法を用いる。特定の加入者に不当なものではなく、合理的かつ適正な算定方法であることが必要。	
受給権保護の規程	・積立義務……5年ごとの財政再計算と「継続基準」および「非継続基準」による財政検証の実施が規定されていて、積立不足が生じているときには一定期間内の償却が求められる。	
	・受託者責任……企業年金の管理・運営に関わる受託者（事業主・理事・資産管理運用機関など）については忠実義務と禁止行為の遵守が求められる。	
	・情報開示……年金規約や財政状況などの概況を加入者と受給者に周知することが義務化されている。	
運用 資産	・基金型……基金が年金資産の運用について金融機関等と契約し、運用する。	
	・規約型……事業主が年金資産の管理・運用について金融機関等と資産管理運用契約を結ぶ。	
税制上の取扱い	・掛金……事業主負担は損金算入、加入者負担は生命保険料控除。	
	・積立金……特別法人税が課税（令和7年度末まで凍結）。	
	・給付金……年金は公的年金等控除の対象、一時金（老齢）は退職所得として課税。	

※平成29年1月より、将来のリスクに備えて掛金拠出ができる「リスク対応掛金」のしくみが導入されました。
※平成30年5月より、老齢給付金の期間要件を満たし支給開始年齢に到達していない方については、脱退一時金相当額の移換が可能となりました。
※令和2年6月5日より、老齢給付金の支給時期について、60歳から70歳の間に設定することが可能となりました。

キャッシュ・バランス・プラン

　確定拠出年金（将来に受け取る年金額のための掛金等の支払い費用の総額等が前もって決まっている年金）と確定給付年金（将来に受け取る年金額の水準が前もって決まっているため、年金資産の運用の低迷が続いた場合には、掛金の引き上げ等が必要とされる年金）の両方の特性を併せ持つのが、キャッシュ・バランス・プラン制度です。平成14年の確定給付企業年金法の施行により、確定給付企業年金（基金型、規約型とも）の給付設計や厚生年金基金の加算部分の給付設計などに、キャッシュ・バランス・プランが導入できるようになりました。

キャッシュ・バランス・プランの特徴

●持分（拠出）の付与額

　給付の基礎となる積立残高が個人ごとの勘定残高として示され、この個人ごとの帳簿上の仮想勘定には、「持分付与額」が定期的に加算されます。

　定期的に付与される持分付与額（pay credit）は、定額または給与の額に一定の割合を乗じた額、ポイント（額）により定めることができます。

●利息の付与

　付与される利息は、あらかじめ定めた基準（指標）による「利息付与額＝interest credit」を定期的に付与します。利息を付与する基準となる「指標利率」には、①「定率」、②「国債の利回り（過去5年間の10年国債の平均利回りなど）」、③「両者を組み合わせたもの」、④「これらに上下限を設定したもの」とすることができますが、国債利回り（または国債利回り＋アルファ）が多く利用されています。

　なお、給付の額の再評価等に用いる率は、通算で零を下回らないものであることが要件となっています。

※指標の多様化：客観的かつ合理的に予測可能なもので、ある程度安定的なものについて、指標として用いることができるようになりました。
　[例　全国の賃金指数、全国の物価指数]

個人ごとの仮想勘定を設定

　キャッシュ・バランス・プランでは、個人ごとに仮想勘定を設け、拠出額にあらかじめ決定した「指標」に基づく利息を付与し、支給開始時点までに累積した総額を年金原資として支給するものです。

■他制度からの移行例

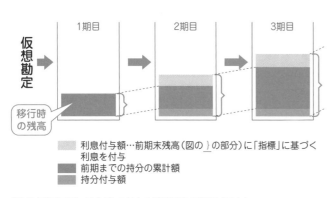

　　利息付与額…前期末残高（図の｝の部分）に「指標」に基づく利息を付与
　　前期までの持分の累計額
　　持分付与額

キャッシュ・バランス・プランのイメージ

国債利回りの実績値

年金原資

①国債利回りの実績値に基づき年金原資が定まる②

→ 年金または一時金

持分付与額

支給時

※指標を国債利回りとした場合、国債利回りの実績によって、①から②の間で年金原資が定まる

[注1]仮想勘定は、個人ごとの年金支給額算定の基礎となります。
[注2]制度変更日において、各人ごとの前制度の一時金相当額を移行時の持分として仮想勘定に付与します。

キャッシュ・バランス・プランの類似制度

　平成15年5月の厚生労働省令・通知によって、確定給付企業年金（基金型、規約型とも）及び厚生年金基金における支給開始後等の年金額について、キャッシュ・バランス・プランと同様の指標利率を用いることが認められました。制度加入のスタート時から年金受給時までのすべての期間について指標利率に連動する正規のキャッシュ・バランス・プランに対して、このしくみをキャッシュ・バランス・プランの類似制度と呼んでいます。

確定拠出年金

自己責任で運用を行う

　企業や個人が拠出した一定の掛金を運営管理機関を通して「自己責任で」運用の指図を行い、その運用結果にもとづいた元利合計額を高齢期に年金として受け取るしくみが確定拠出年金で、「日本版401k」と呼ばれることもあります。積立金が個人管理されていることから転職の際、持ち運びできる(ポータビリティが高い)ことが、社員(加入者)にとっての確定拠出年金のメリットです。企業にとっては決められた掛金を拠出していれば退職金や企業年金の債務が精算されるため、確定給付企業年金のように予定利回りを達成できなかった場合に、その不足を穴埋めするための追加拠出を求められることがないため、企業の財務の健全性が保たれるというメリットがあります。

　積立金の管理は外部の「資産管理機関」が行い、将来の年金支払も同じ機関が行うこととなります。本人名義の口座にある資金を自己責任で運用しますが、一定の年齢に達するまでは通常引き出すことができないしくみになっています。なお、企業型の加入者で年金資産残高が1.5万円以下などの条件に該当する場合は脱退が認められます。令和4年5月以降、年金資産額が1.5万円を超える場合についても、以下の個人型の脱退一時金の受給要件を満たしている場合には企業型DCの脱退一時金が受けられます。個人型については、令和4年5月以降、国民年金被保険者になれず、以下の①〜⑦すべての条件に該当する場合、脱退一時金が受けられます。①60歳未満、②企業型DCの加入者でない、③個人型に加入できない、④日本国籍を有する海外居住者(20歳以上60歳未満)でない、⑤障害給付金の受給権者でない、⑥企業型及び個人型の掛金拠出期間が5年以内、または個人別管理資産が25万円以下、⑦企業型または個人型の資格喪失日から2年以内(企業型DCの場合、6ヵ月以内)。

確定拠出年金は企業型と個人型の2種類

●企業型

　企業が社員のために拠出していく「企業型」では、掛金が損金となり、この掛金を資金として運用する社員には運用の時点では課税対象とされないこととなっています。

●個人型

　個人が任意に加入する個人型の掛金は、所得控除の対象となり、所得税の軽減ができます。

　確定拠出年金の個人型では平成29年1月に改正が行われ、会社員で他の企業年金に加入している方、公務員等、専業主婦等が加入可能となりました。そのため、20歳以上60歳未満の方であればほぼ全ての方が加入できるようになりました(60〜62頁参照)。

※平成24年1月より、企業型について加入者の掛金拠出が可能となりました。ただし拠出限度額内かつ事業主の掛金額を超えないものとされています。
※平成30年1月より、12月から翌年11月までの範囲において、掛金を複数月分まとめて拠出することや、1年分まとめて拠出することが可能となりました。
※令和4年4月以降、企業型・個人型ともに受給開始時期が60歳から75歳までの間に拡大しました。令和4年5月以降、加入可能年齢が引き上げられ、企業型は70歳未満の厚生年金被保険者、個人型は65歳未満の国民年金被保険者となりました。

■企業型確定拠出年金の拠出限度額

	拠出限度額（年額）
他の企業年金制度がない場合	66万円
他の企業年金制度がある場合	33万円

■個人型確定拠出年金の拠出限度額

職業等		拠出限度額（年額）
自営業者等		81.6万円 （国民年金基金との合算）
会社に企業年金がない会社員		27.6万円
会社に企業年金がある会社員	企業型DCのみに加入※1	24万円 （企業型DCとの合計が66万円）
	企業型DC以外に加入	14.4万円 （企業型DCとの合計が33万円）
公務員等		14.4万円
専業主婦等		27.6万円

※1 企業型DC加入者の場合、マッチング拠出や事業主掛金が毎月拠出となっていない場合などはiDeCoに加入できません。令和6年12月以降、拠出限度額が改正される予定です(6頁参照)。

■確定拠出年金(DC)のしくみ

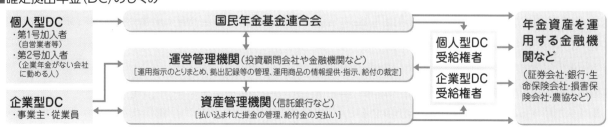

個人型確定拠出年金(iDeCo)の制度概要

平成28年5月24日に「確定拠出年金法等の一部を改正する法律」が成立、6月3日に公布されました。

改正法では、働き方の多様化等に対応し、また、老後の生活資金を準備するための自助努力を支援するため、加入者範囲の拡大が行われています。令和4年10月以降、iDeCoの拠出限度額等は改正が行われています(6頁参照)。

加入可能範囲の拡大

以前は自営業者等の第1号被保険者等の限られた方しか個人型確定拠出年金(以下iDeCo)を利用できませんでした。法改正により、平成29年1月1日からは原則20歳以上60歳未満であれば、ほぼ全ての方が加入対象者となりました。令和4年5月以降、加入可能年齢が引き上げられ、20歳以上65歳未満の国民年金被保険者となりました。

ただし、国民年金保険料の免除を受けている方は、原則加入できません。また、企業型DC加入者の場合、事業主が企業型DC規約を変更しなければならないなどの諸条件を満たす必要があります。

拠出できる掛金の上限額は、職業等、加入者本人の状況により異なります。加入者と掛金額の関係は、以下の図の通りです。毎月の掛金額は月額5,000円から1,000円単位で自由に設定できます。設定した掛金額は4月から翌年3月の年度中に1回に限り変更できます。平成30年1月以降は、掛金を年単位で納められるようなりました。

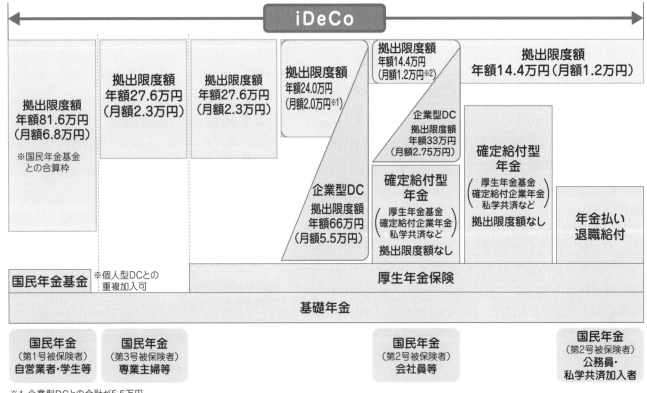

※1 企業型DCとの合計が5.5万円。
※2 企業型DCとの合計が2.75万円。

iDeCoの制度のポイント

●窓口となる金融機関を選ぶ

iDeCoを利用するには、窓口となる金融機関(運営管理機関)を1社選んで契約する必要があります。銀行や証券会社など多数の金融機関で扱われていて、提供されるサービスなどは各社で異なります。比較して、自分のニーズにあった金融機関を選びましょう。

●本人の指示で資産を運用

資産を運用する商品は、金融機関が提示する中から自分で選択します。商品は投資信託をはじめ、元本保証型の銀行預金、年金積立保険などが用意され、複数の商品を選ぶことができます。選択した商品はいつでも変更することができます。

● 老齢給付金は60歳以降に支給

老齢給付金が受けられるのは60歳以降。75歳までの任意のタイミングから受給できます。具体的な給付の内容は契約する金融機関によって異なりますが、原則5年以上20年以内の有期年金として受けることができます。なお、60歳時点で加入期間が10年に満たない場合は受けられる年齢が引き上がります。

■ 給付の種類

老齢給付金	60歳以降、5年以上20年以下の有期年金、または終身年金で受けられます（規約の規定により一時金の選択可能）。
障害給付金	政令に定める高度障害状態になった場合に受けられます。
死亡一時金	加入者が亡くなった場合に遺族が受けられます。

※具体的な受給方法は、金融機関によって異なります。
※資産額が一定額以下など一定の要件を満たした場合に限り、脱退一時金が受けられます。

■ 加入期間が短い方の支給開始年齢

加入期間	支給開始年齢
8年以上10年未満 →	61歳から
6年以上　8年未満 →	62歳から
4年以上　6年未満 →	63歳から
2年以上　4年未満 →	64歳から
1月以上　2年未満 →	65歳から

iDeCoで受けられる税制優遇

iDeCoでは、掛金を拠出したとき、資産を運用しているとき、給付金を受けるときに、それぞれ税制の優遇措置が設けられています。

● 拠出時の優遇措置　掛金全額が所得控除の対象に

会社から支払われる給与などの収入には、必ず所得税と住民税がかかります。しかしiDeCoに掛金として納めた額については、全額非課税となります。

例えば、勤務先で確定給付企業年金にのみ加入している課税所得180万円の会社員が個人型確定拠出年金に加入し、毎月の掛金を上限1万2,000円まで納めた場合、表のように税金を年間2万1,600円削減できます。これを30年続けたとすると64万8,000円の節税につながります。

■ 掛金の所得控除による減税額（年額）

掛金額	課税所得（カッコ内は所得税率＋住民税率）		
	180万円 年収約450万円 （税率15%）	280万円 年収約550万円 （税率20%）	480万円 年収約850万円 （税率30%）
月額 5,000円（年額　　6万円）	9,000円	1万2,000円	1万8,000円
月額 1.2万円（年額 14.4万円）	2万1,600円	2万8,800円	4万3,200円
月額　2万円（年額　24万円）	3万6,000円	4万8,000円	7万2,000円
月額 2.3万円（年額 27.6万円）	4万1,400円	5万5,200円	8万2,800円
月額 6.8万円（年額 81.6万円）	12万2,400円	16万3,200円	24万4,800円

※年収は扶養なし・単身サラリーマンの例　※復興特別所得税を考慮しない概算です。

● 運用時の優遇措置　運用で得た収益が非課税に

預金の利息や投資信託などで得た収入には一律20%の税金※がかかります。しかしiDeCoによる運用収益は全額非課税となります。通常の運用であれば税金として引かれる額も元本に組み込んで運用できるため、複利の効果を最大限に生かすことができます。

※所得税15%と住民税5%の合計。平成25年から令和19年まではさらに復興特別所得税0.315%（所得税15%×2.1%）が上乗せされます。

● 給付時の優遇措置　公的年金等控除または退職所得控除の対象に

掛金拠出や運用時にかけられなかった所得税は繰り延べられ、給付を受けるときに一括して課税されます。ただし、国民年金や厚生年金保険の給付と同様、iDeCoの給付を年金で受ける場合は公的年金等控除（次頁参照）、給付を一時金で受ける場合は退職所得控除の対象になります。

●年金で受け取る場合

税法上の雑所得となり、毎年の年金額に課税されます。他の年金と合算した額に公的年金等控除が適用され、65歳未満であれば最低60万円、65歳以上では最低110万円が非課税になります。

■公的年金額等控除額(公的年金以外の合計所得が1,000万円以下の場合)

年　齢	公的年金等の収入金額※（A）	公的年金等控除額
65歳未満	130万円以下	60万円
	130万円超　410万円以下	（A）×25％＋　27.5万円
	410万円超　770万円以下	（A）×15％＋　68.5万円
	770万円超 1,000万円以下	（A）×　5％＋145.5万円
	1,000万円超	195.5万円
65歳以上	330万円以下	110万円
	330万円超　410万円以下	（A）×25％＋　27.5万円
	410万円超　770万円以下	（A）×15％＋　68.5万円
	770万円超 1,000万円以下	（A）×　5％＋145.5万円
	1,000万円超	195.5万円

※ 国民年金、厚生年金、共済年金、農業者年金基金、国民年金基金、厚生年金基金、税制適格対象年金、確定拠出年金（一時金は除く）、確定給付企業年金（自己負担部分は除く）の合計

●一時金で受け取る場合

税法上の退職所得として課税の対象となりますが、他の企業年金などから受ける退職一時金と合算した額に退職所得控除が適用されます。掛金の積立期間（会社から支払われる退職一時金の場合は勤務期間）が長いほど控除額は大きくなります。

■退職所得控除額

積立期間（勤務期間）※	退職所得控除額
20年以下	40万円×積立期間　［80万円以下の場合は80万円］
20年超	800万円+70万円×（積立期間−20年）

※ 1年未満の端数は1年に切り上げ。

「iDeCo＋」がスタート

平成30年5月、一定の要件を満たした事業主に使用される従業員で、個人型確定拠出年金（iDeCo）に加入している方については、事業主が必要な手続き等を行った場合、従業員の掛金に事業主が上乗せして掛金を拠出することが可能となる中小事業主掛金納付制度（iDeCo＋）が始まりました。

税制優遇措置は上記と同様で、事業主が拠出した掛金も全額損金に算入されます。

■iDeCo＋の概要

項目	内容
事業主要件	企業型確定拠出年金、確定給付企業年金及び厚生年金基金を実施していない事業主であって、従業員（第1号厚生年金被保険者、以下同）300人以下の事業主。ただし、同じ事業主が複数の事業所を経営している場合、全事業所の従業員の合計が300人以下であることが必要です。
拠出対象者	iDeCoに加入している従業員のうち、事業主掛金を拠出されることに同意した加入者。 ※拠出対象者に一定の資格（職種、勤続年数）を設けることも可能です。
掛金設定	加入者掛金と事業主掛金の合計額は、月額5,000円以上23,000円以下の範囲で、加入者と事業主がそれぞれ1,000円単位で決定できます。加入者掛金を0円とすることはできませんが、事業主掛金が加入者掛金を上回ることは可能です。また、一定の資格ごとに掛金額を設定することも可能です。
納付方法	加入者掛金と事業主掛金を事業主がとりまとめて納付します。

企業年金連合会とポータビリティ

企業年金連合会とは

　企業年金連合会は、昭和42年2月に厚生年金基金の連合体として設立された「厚生年金基金連合会」を前身とし、平成16年の法律改正により、平成17年10月に企業年金連合会と改称しました。

　企業年金連合会の主な事業としては、厚生年金基金や確定給付企業年金を退職等により脱退した中途脱退者等の年金資産を引き継ぎ、将来的な給付を一元的に行う年金通算事業があります。また、中途脱退者の年金資産を転職先の企業年金制度や個人型DC（iDeCo）に移換するポータビリティも行っています。

●企業年金連合会の事業内容
・年金通算事業
・会員支援事業 ・会員の行う事業についての助言及び連絡 ・会員に関する教育、情報の提供及び相談
　　　　　　 ・会員の行う事業及び年金制度に関する調査及び研究 ・その他、会員の健全な発展を図るために必要な事業
・国からの受託事務　・年金給付等積立金の管理及び運用

●企業年金連合会が行う給付
①通算企業年金　厚生年金基金や確定給付企業年金の中途脱退者が、資格喪失時に支給される脱退一時金相当額を連合会に移換した場合や、厚生年金基金の解散基金加入員または確定給付企業年金の制度終了加入者等が残余分配金を連合会へ移換した場合に支給する保証期間付きの終身年金。
②死亡一時金　通算企業年金の受給権者が、支給開始前または保証期間（80歳に達するまで）を経過する前に死亡したときに遺族に支給する一時金。
③選択一時金　通算企業年金の受給権者が、支給開始前または支給開始後（保証期間経過前）に選択の申出を行った場合に支給する一時金。
※上記のほか、平成26年3月までに支給義務の移転申出等をした場合の、厚生年金基金の中途脱退者・解散基金加入員に支給される基本年金、代行年金があります。

企業年金連合会	〒105-0011 東京都港区芝公園2丁目4番1号 芝パークビルB館10階・11階
	ホームページ：https://www.pfa.or.jp/
	●企業年金コールセンター
	☎0570-02-2666【受付日時】平日：9時〜17時　※IP電話・PHSの場合は03-5777-2666

企業年金間のポータビリティの確保

　平成16年の年金改正によって平成17年10月以降は、あらかじめ規約で資産移換ができる旨を定めている場合、厚生年金基金・確定給付企業年金（基金型・規約型）、確定拠出年金間で資産の移換を直接できるようになりました。これにより加入者が他の企業に移った場合でも企業年金を通算することが可能となりました。

　転職先の年金制度が引き受けない場合、平成17年10月に発足した企業年金連合会（旧厚生年金基金連合会）に脱退一時金相当額の移換を行い、通算企業年金として将来受けることができます。また再度転職した場合など、企業年金連合会から他の企業年金等への年金給付等積立金の移換も可能です（受入先の年金制度の規約に定めがある場合）。

		移換先の制度			
		確定給付企業年金	企業型確定拠出年金	個人型確定拠出年金	中小企業退職金共済
移換元の制度	確定給付企業年金	○	○（※1）	○（※1）	○（※3）
	企業型確定拠出年金	○	○	○	○（※3）
	個人型確定拠出年金	○	○	—	×
	中小企業退職金共済	○（※2、3）	○（※2、3）	×	○

※1　本人の申出により脱退一時金相当額を移換可能。
※2　中小企業でなくなった場合に可能。
※3　合併等の場合に可能。

　なお、平成26年4月以降、厚生年金基金の加入員が他の確定給付企業年金、企業型確定拠出年金へ移行する場合、老齢厚生年金の代行相当部分は元の厚生年金基金が支給することとなります。平成30年5月から、確定拠出年金から確定給付企業年金、中小企業退職金共済へのポータビリティが一定の条件のもと可能となりました（右上表参照）。令和4年5月から、終了した確定給付企業年金からiDeCoへの年金資産の移換と加入者の退職等に伴う企業型DCから通算企業年金への年金資産の移換が可能となりました。

国民年金基金

国民年金基金とは

　会社員等、厚生年金被保険者は、国民年金の老齢基礎年金に加え、老齢厚生年金を受けることができます。一方、国民年金のみに加入した第1号被保険者は、老齢基礎年金のみの受給となり、高齢期に受けられる年金額に差が生じます。そうした差を解消するために、国民年金に上乗せする年金制度である「国民年金基金」が平成3年5月に創設されました。

　国民年金基金は自営業者等、国民年金の第1号被保険者が加入する制度で、終身年金を基本とした公的な個人年金です。

　国民年金基金は、国民年金の第1号被保険者であれば加入できる「全国国民年金基金」と、各基金ごとに定められた事業や業務に従事する国民年金の第1号被保険者が加入できる「職能型国民年金基金」があります。複数の基金に加入することはできないので、いずれか一つの基金を選択することとなります。

国民年金基金に加入できる人

　国民年金基金に加入できるのは、以下のような人です。

- ・20歳以上60歳未満の自営業者等、国民年金の第1号被保険者
- ・日本国内に住所を有する60歳以上65歳未満の国民年金の任意加入被保険者及び海外居住者である国民年金の任意加入被保険者

　国民年金の第1号被保険者であっても、以下のような人は加入できません。

- ・国民年金の保険料を免除(一部免除・学生納付特例・納付猶予を含む)されている人
- ・農業者年金の被保険者

加入資格を喪失する場合

　国民年金基金に加入した人は、以下のいずれかに該当したとき加入資格を喪失します。

①60歳になったとき(海外に居住し、国民年金に任意加入している場合を除く)
②65歳になったとき(60歳以上で加入した場合)
③国民年金の第1号被保険者でなくなったとき(海外に転居したときを含む)
④国民年金の任意加入被保険者でなくなったとき
⑤該当する事業または業務に従事しなくなったとき(職能型国民年金基金の場合)
⑥国民年金の保険料を免除(一部免除・学生納付特例・納付猶予を含む)されたとき
　※法定免除に該当し、国民年金保険料を納付する場合は加入資格の喪失にはなりません。
　※産前産後期間の免除をされた場合は、加入資格の喪失にはなりません。
⑦農業者年金の被保険者になったとき
⑧加入者本人が死亡したとき

※上記①、②以外の理由で加入資格を喪失した場合、届出が必要です。
※上記⑤によって加入資格を喪失した場合、引き続き別の国民年金基金に加入すると、特例として従前の掛金で加入できます(3ヵ月以内に手続きをする必要があります)。
※加入資格を喪失した場合、支払った掛金は引き出すことはできませんが、将来、年金として支給されます。
※海外に転居したときは加入資格を喪失しますが、3ヵ月以内に任意加入の手続きを行い、引き続き国民年金基金に加入すると、特例として従前の掛金で加入できます。

受けられる給付

国民年金基金からの給付は、老齢年金と遺族一時金があります。

●老齢年金

終身年金2種類と、確定年金5種類の計7種類があります。1口目は終身年金A型・B型のいずれかを選び、2口目以降は7種類の中から自分のニーズにあわせて自由に選べます。年齢によって選べる型が異なります。

●年齢別・選択可能な型

20歳以上50歳未満…A型・B型・I型・II型・III型・IV型・V型

50歳以上60歳未満…A型・B型・I型・II型・III型

60歳以上65歳未満…A型・B型・I型

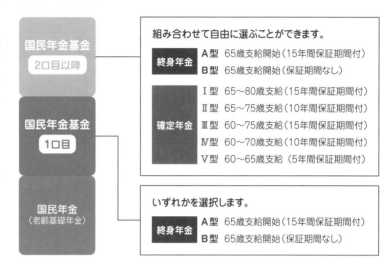

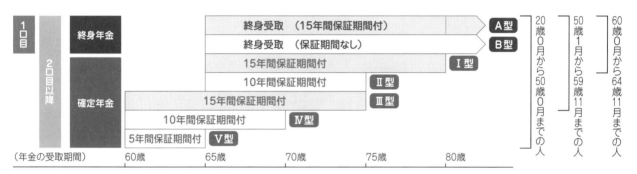

●遺族一時金

保証期間付の型(終身年金A型、確定年金I型〜V型)に加入している人が、年金を受ける前、または保証期間中に亡くなった場合、遺族に遺族一時金が支給されます。

・年金受給前に加入員が亡くなった場合

加入時年齢、死亡時年齢および死亡時までの掛金納付期間に応じた遺族一時金が支給される。

・保証期間中に年金受給者が亡くなった場合

残りの保証期間の年金を支給するための資産(年金原資)相当額が遺族一時金として支給される。

※遺族一時金の額が払込み掛金額を下回ることがあります。
※終身年金B型には保証期間はありませんが、B型のみに加入し、年金受給前に加入者が亡くなった場合、1万円の遺族一時金が支給されます。

遺族一時金は、死亡時に生計を同じくしていた次の①〜⑥の順位のうち先の順位の遺族に支払われます。
①配偶者(事実婚を含む)、②子、③父母、④孫、⑤祖父母、⑥兄弟姉妹

掛金について

加入時年齢、受ける年金の型、加入口数、性別によって掛金額が決まります。掛金の上限月額は68,000円(個人型確定拠出年金(iDeCo)と合算)です。

一口目については、型や掛金額を変更することはできません。掛金は加入途中で増額、減額ができます。

遺族年金

本項におきましては、昭和31年4月2日以後生まれの人の年金額を掲載しています（詳細は4～5頁参照）。

受けられる遺族給付

　子のある妻または子のみが残されたときは遺族厚生年金と遺族基礎年金が支給されます。子のある夫が残されたときは遺族基礎年金が支給されます。子のない中高齢の妻が残されたときは遺族厚生年金と中高齢寡婦加算が支給されます。また、その他の遺族（夫、父母、孫、祖父母）が残されたときは遺族厚生年金のみが支給されます。

※「子」とは、18歳到達年度の末日までにあるか、20歳未満で1・2級の障害状態にあり、かつ婚姻していない子をいいます。

子のある妻が受ける年金	子のある夫が受ける年金	両親のいない子が受ける年金	子のない中高齢の妻が受ける年金	その他の遺族が受ける年金
遺族厚生年金	遺族厚生年金（55歳以上）	遺族厚生年金	遺族厚生年金	遺族厚生年金
遺族基礎年金	遺族基礎年金	遺族基礎年金	中高齢寡婦加算	
（子の加算）	（子の加算）	（子の加算）		

遺族厚生年金の受給要件

　厚生年金保険に加入している人が亡くなったとき、または厚生年金保険に加入していたことのある人が亡くなったときなどで、次の条件に当てはまる場合に支給されます。

	こんな場合に	保険料納付の要件
短期要件の人の死亡	**①現役会社員の死亡** 厚生年金保険の被保険者である間に死亡したとき	死亡日の前日において死亡月の前々月までの国民年金被保険者期間中に保険料の滞納が3分の1を超えないこと。または令和8年3月までは死亡月の前々月までの1年間に保険料の滞納がないこと（65歳未満の者に限る）。
	②退職後の死亡 厚生年金保険の被保険者資格を喪失した後に、厚生年金保険の被保険者である間に初診日のある傷病が原因で、初診日から5年以内に死亡したとき	
	③障害厚生年金を受けている人の死亡 1級または2級の障害厚生年金の受給権者が死亡したとき	障害厚生年金を受けるための保険料納付要件を満たしているので、その死亡にかかる遺族厚生年金について保険料納付要件は必要とされません。
長期要件の人の死亡	**④老齢厚生年金の保険料納付済期間等が原則25年以上ある人の死亡** 老齢厚生年金の保険料納付済期間等が原則25年以上ある人が死亡したとき、または上記の条件を満たす老齢厚生年金を受けることのできる人もしくは受けることのできる人が受けないまま死亡したとき	平成29年7月までは老齢厚生年金を受けるための加入期間を満たしているので、その死亡にかかる遺族厚生年金について保険料納付要件は必要とされません。平成29年8月以降は、保険料納付済期間等が原則25年以上必要となります。

遺族厚生年金を受けられる遺族

　遺族厚生年金を受けることのできる遺族は、被保険者等が死亡した当時、亡くなった人に生計を維持されていた配偶者・子・父母・孫・祖父母です。ただし、受給には優先順位があり、先の順位の人が遺族厚生年金を受けると、次の順位の人には遺族厚生年金は支給されません。先の順位の人がその権利を失った場合、後の順位の人が受給権者となること（転給）はありません。

受給の優先順位		
第1順位	配偶者、子 （配偶者、子の順で優先）	第1順位の中でも、配偶者、子の順に優先されます。妻が受ける場合は年齢要件はありません。子は、18歳到達年度の末日までの者（1級または2級の障害状態の場合は20歳未満）で婚姻していないことが必要。被保険者等の死亡の当時胎児であった子が生まれたときはそのときから。夫は55歳以上であること（ただし支給は60歳から。遺族基礎年金を受けられる夫は60歳未満でも支給される）。夫死亡時（または「子のない妻」になったとき）に30歳未満の妻へは、5年間の有期給付。
第2順位	父母	55歳以上 （ただし支給は60歳から）
第3順位	孫	18歳到達年度の末日までの者（1級または2級の障害状態の場合は20歳未満）で婚姻していないことが必要。
第4順位	祖父母	55歳以上 （ただし支給は60歳から）

●生計維持の基準
被保険者等の死亡当時その人と生計を同じくしていて、年間収入850万円以上を死亡時及び将来（おおむね5年間）にわたって得られないと見込まれる人が該当します。

●事実上の妻（夫）の扱い
婚姻の届出をしていないが、事実上婚姻関係と同様の状態にある人は妻（夫）に含まれます。ただし、子については死亡した人の実子または養子であることが必要で里子等は含まれません。

遺族厚生年金の額

遺族厚生年金の年金額は、死亡した人の厚生年金保険被保険者期間とその間の平均標準報酬月額(平成15年4月からの被保険者期間分は平均標準報酬額)をもとに計算します。配偶者以外の2人以上が受給権者になったときの遺族厚生年金は、計算された額を、その受給権者の数で除した額が1人当たりの支給額となります。

$$
\boxed{\begin{array}{c}遺族\\厚生年金\end{array}} = \boxed{\begin{array}{c}H15.3以前の被保険者期間\\にかかる報酬比例年金\end{array}} + \boxed{\begin{array}{c}H15.4以後の被保険者期間\\にかかる報酬比例年金\end{array}} \times \frac{3}{4}
$$

平均標準報酬月額 × $\dfrac{7.125}{1000}$ × 被保険者期間の月数

平均標準報酬額 × $\dfrac{5.481}{1000}$ × 被保険者期間の月数

※上記は平成16年改正の本来額の計算方法です。年金額計算においては、老齢給付と同様に、従前額保障の経過措置が適用されます。

計算の留意点 遺族厚生年金は、短期要件該当と長期要件該当では、年金額計算のうえで以下の点が異なります。

短期要件の場合(前頁①〜③)	長期要件の場合(前頁④)
①生年月日による支給乗率の読み替えはありません。 ②被保険者期間が300月に満たないときは300月とします。具体的には、上記計算による合算額(3/4をかける前)に「300/全被保険者期間の月数」を乗じて計算します。	①生年月日によって支給乗率を読み替えます。 7.125/1000→7.230〜9.5/1000 5.481/1000→5.562〜7.308/1000 ②被保険者期間の月数は実際の加入期間を月数として計算します。

※短期要件と長期要件のいずれにも該当する場合(たとえば、老齢厚生年金の受給権者が再就職し厚生年金保険の被保険者期間中に死亡した場合など)には、特段の申出をしなければ短期要件の計算式で年金額が算出されます。
※遺族厚生年金の本来額は、受給権者本人の再評価率で計算します(従前額保障の場合は、死亡した人の再評価率)。配偶者以外の2人以上が受給権者のときは、それぞれ計算した額を人数で除した額となります。

遺族基礎年金の受給要件

国民年金に加入している人が亡くなったり、加入していた人が亡くなったときなどで、以下のいずれかの条件に当てはまる場合に遺族基礎年金が支給されます。

こんな場合に

①現役被保険者の死亡
国民年金の被保険者が死亡したとき

②60歳以上65歳未満の方の死亡
国民年金の被保険者であった者であって、日本国内に住所を有し、60歳以上65歳未満であるものが死亡したとき

③老齢基礎年金の保険料納付済期間等が原則25年以上ある人の死亡
老齢基礎年金の保険料納付済期間等が原則25年以上ある人が死亡したとき、または上記の条件を満たす老齢基礎年金を受けることのできる人もしくは受けることのできる人が受けないまま死亡したとき

保険料納付の要件

死亡日の前日において死亡月の前々月までの国民年金被保険者期間中に保険料の滞納が3分の1を超えないこと。または令和8年3月までは死亡月の前々月までの1年間に保険料の滞納がないこと(65歳未満の者に限る)。

平成29年7月までは老齢基礎年金を受けるための受給資格期間を満たしているので、その死亡にかかる遺族基礎年金について保険料納付要件は必要とされません。平成29年8月以降は、保険料納付済期間等が原則25年以上必要となります。

遺族基礎年金を受けられる遺族と年金額

遺族基礎年金を受けることができる遺族は、被保険者等が死亡した当時、その者によって生計を維持されていた「子のある配偶者」または「子」です。配偶者は、子と生計を同じくしている必要があります。子の年齢要件、配偶者・子の生計維持の基準は、遺族厚生年金と同様です(前頁参照)。

遺族厚生年金を受けられる「子のある配偶者」または「子」は、支給要件を満たせば、併せて遺族基礎年金が受けられます。遺族基礎年金の年金額は被保険者期間や報酬の額にかかわらず一律です。

(令和6年度額)

	子の数	基本額	加算額	合計額
子のある配偶者が受給	子1人	816,000円	234,800円	1,050,800円
	2人	816,000円	469,600円	1,285,600円
	3人	816,000円	547,900円	1,363,900円
子が受給	子1人	816,000円	—	816,000円
	2人	816,000円	234,800円	1,050,800円
	3人	816,000円	313,100円	1,129,100円

※子の数が上記より多い場合は、以降1人につき78,300円が加算されます。
※子が受給する遺族基礎年金は、上記表中の合計額を子の数で除して1円未満を四捨五入した額が1人当たりの額になります。

子のない妻には中高齢寡婦加算額を支給

　子のない妻やすべての子が18歳到達年度の末日を経過した妻等には遺族基礎年金は支給されません。これらの妻が受ける遺族厚生年金には40歳から65歳到達までの間、中高齢寡婦加算額612,000円（令和6年度額）が加算されます。平成19年4月から「夫の死亡時35歳以上の妻」の要件が「40歳以上の妻」に変更となりました。なお、長期要件の人の死亡（66頁参照）の場合、厚生年金保険の被保険者期間※が20年（中高齢の特例15～19年）以上ある場合に限られます。　　　　※旧共済加入期間を含む。

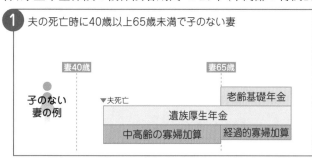

❶ 夫の死亡時に40歳以上65歳未満で子のない妻

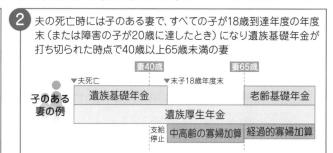

❷ 夫の死亡時には子のある妻で、すべての子が18歳到達年度の年度末（または障害の子が20歳に達したとき）になり遺族基礎年金が打ち切られた時点で40歳以上65歳未満の妻

65歳からの経過的寡婦加算額

　妻が65歳になると、妻自身の老齢基礎年金が受けられるようになり中高齢の寡婦加算はなくなるため、それまでの年金額より少なくなる人がいます。そこで、昭和31年4月1日以前生まれの妻には、生年月日に応じて決められた「経過的寡婦加算額」が引き続き加算されます。

■遺族厚生年金の経過的寡婦加算額【（中高齢寡婦加算額610,300円）−（老齢基礎年金813,700円）×下表の乗率】

妻の生年月日	乗率	加算額	妻の生年月日	乗率	加算額	妻の生年月日	乗率	加算額
昭和 2.4.1以前	−	610,300円	昭和12.4.2～昭和13.4.1	432分の132	361,669円	昭和23.4.2～昭和24.4.1	480分の264	162,765円
昭和 2.4.2～昭和 3.4.1	312分の12	579,004円	昭和13.4.2～昭和14.4.1	444分の144	346,397円	昭和24.4.2～昭和25.4.1	480分の276	142,422円
昭和 3.4.2～昭和 4.4.1	324分の24	550,026円	昭和14.4.2～昭和15.4.1	456分の156	331,929円	昭和25.4.2～昭和26.4.1	480分の288	122,080円
昭和 4.4.2～昭和 5.4.1	336分の36	523,118円	昭和15.4.2～昭和16.4.1	468分の168	318,203円	昭和26.4.2～昭和27.4.1	480分の300	101,737円
昭和 5.4.2～昭和 6.4.1	348分の48	498,066円	昭和16.4.2～昭和17.4.1	480分の180	305,162円	昭和27.4.2～昭和28.4.1	480分の312	81,395円
昭和 6.4.2～昭和 7.4.1	360分の60	474,683円	昭和17.4.2～昭和18.4.1	480分の192	284,820円	昭和28.4.2～昭和29.4.1	480分の324	61,052円
昭和 7.4.2～昭和 8.4.1	372分の72	452,810円	昭和18.4.2～昭和19.4.1	480分の204	264,477円	昭和29.4.2～昭和30.4.1	480分の336	40,710円
昭和 8.4.2～昭和 9.4.1	384分の84	432,303円	昭和19.4.2～昭和20.4.1	480分の216	244,135円	昭和30.4.2～昭和31.4.1	480分の348	20,367円
昭和 9.4.2～昭和10.4.1	396分の96	413,039円	昭和20.4.2～昭和21.4.1	480分の228	223,792円	昭和31.4.2以後生まれは加算されません		
昭和10.4.2～昭和11.4.1	408分の108	394,909円	昭和21.4.2～昭和22.4.1	480分の240	203,450円			
昭和11.4.2～昭和12.4.1	420分の120	377,814円	昭和22.4.2～昭和23.4.1	480分の252	183,107円			

※50銭以上切上げ、50銭未満切捨て
（令和6年度額）

※上記の表中等については、昭和31年4月1日以前生まれの人の金額を掲載しています。

遺族厚生年金と他の年金給付との調整

　60歳以上65歳未満で、**遺族厚生年金**と妻自身の**60歳代前半の老齢厚生年金**を受けられる場合、どちらか一方の年金を**選択受給**します。65歳以降、**遺族厚生年金**と妻自身の**老齢厚生年金**を受けられる場合、下図Ⓒの①～③のいずれかを選択していましたが、法改正により平成19年4月以後（施行日に65歳以上の遺族厚生年金受給者を除く）は、原則として①が優先的に支給され、②や③よりも低額となる場合は差額が**遺族厚生年金**として支給されます。この場合、**年金額が自動的に改定**されますので、「年金受給選択申出書」の提出は不要です。ただし、遺族厚生年金、老齢厚生年金のほかに、遺族厚生年金と同一支給事由の遺族基礎年金、障害基礎年金・障害厚生年金等の受給権がある場合については、引き続き「年金受給選択申出書」の提出が必要となります。一般厚年、公務員厚年、私学厚年においてそれぞれ長期要件の**遺族厚生年金**が支給される場合は、その合計額（**合算遺族給付額**）のうち、老齢厚生年金等の額に占める遺族厚生年金の比率で按分して計算されます。

※配偶者以外の65歳以上の遺族が遺族厚生年金の受給権者の場合、右図Ⓒの①が優先的に支給され、②の方が高い場合（経過的寡婦加算は除く）、差額が遺族厚生年金として支給されます。
なお、妻が死亡した場合、右図Ⓒの経過的寡婦加算は支給されません。

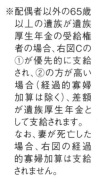
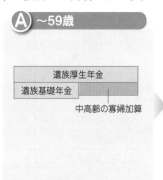
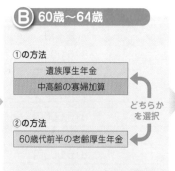
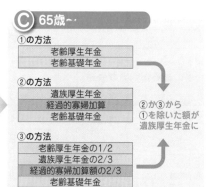

請求手続きは年金事務所へ

亡くなった人の加入制度		提出の窓口
厚生年金保険の被保険者期間中の死亡	·····▶	最後に勤めた事業所を管轄する年金事務所・共済組合
厚生年金保険の受給者、または被保険者の資格喪失後の死亡	·····▶	請求者の住所地を管轄する年金事務所
船員である被保険者期間中の死亡	·····▶	最後に勤めた船舶所有者の住所地を管轄する年金事務所

※ 管轄の年金事務所に提出できないときは、最寄りの年金事務所・街角の年金相談センターの窓口でも受け付けてくれます。
※ 平成27年10月に共済年金が厚生年金に統合されたことに伴い、旧共済組合等の加入期間がある方は、加入していた共済組合等でも提出できます。

■請求の際の提出書類

書類名	備考・注意事項
年金請求書（国民年金・厚生年金保険遺族給付）	●請求者が2人以上いるときは、最初の年金請求書とは別に簡略化された別紙の年金請求書に2人目以降の氏名・生年月日等を記入して提出。
年金手帳または基礎年金番号通知書	●提出できないときは、その事由書を添付。
戸籍謄本（全部記載事項証明書）	●死亡した人と請求者・加算の対象となる人の身分関係や生年月日を明らかにすることができるもの。
世帯全員の住民票（必要に応じて生計維持証明）亡くなった方の住民票の除票	●年金を受ける配偶者や子などが一緒に生活していることを確認するため。 ●なお、請求する人が婚姻の届出はしていないが、事実上婚姻関係と同様の事情にあるときは、その事実を明らかにできる書類。
課税または非課税証明書（請求者の所得に関する証明書）	●請求者の年収が850万円未満のときは、健康保険の被保険者証（被扶養者であることがわかるもの）、源泉徴収票、課税・非課税証明書などの書類。 ●学生の場合は在学証明書または学生証（義務教育終了前の子については不要）。 ●年収850万円以上の人は、遺族厚生年金の受給権者になれないが、その収入が受給権発生以降おおむね5年以内に850万円未満となる見込みの場合はその旨を証明できる書類。
死亡診断書（写し）	●死体検案書やこれに代わる書類、または市町村で発行する死亡届の記載事項証明書でも可能。 ●失踪宣告によって死亡したとみなされる人についてはそのことを明らかにする書類。
年金証書	●請求者が公的年金を受けているときはその年金証書（写しでも可）。

※戸籍謄本（記載事項証明書）・住民票は、受給権発生後であり、かつ請求日前6ヵ月以内に発行されたものが必要です。
※代理の方が相談・請求する場合は、本人が署名した委任状等が必要です。
※事例によって必要書類が異なりますので、事前に年金事務所等の窓口でご確認ください。また、マイナンバーの記入により省略可能な添付書類があります。

●請求が遅れたときは5年前までさかのぼって支給されます

被保険者等が亡くなった後に遺族厚生年金の請求が遅れてしまった場合は、亡くなったときまでさかのぼって、まとめて年金支給が行われます。ただし、さかのぼることができるのは5年前までに限られます。請求時期が著しく遅れてしまうと、受給権発生当時の所得証明が受けにくくなるため、ご注意ください。

※平成19年7月7日以降に年金時効特例法、平成19年12月19日以降に厚生年金特例法の規定に該当して年金記録が訂正された場合は、5年を経過した期間についても、さかのぼって支給される場合があります。

●年金の受給権がなくなるとき

先の順位の遺族の受給権が失権した場合に次順位の遺族に転給することはありません。ただし、第1順位について、優先して支給されていた者の受給権が失権したときは、支給停止されていた者の年金の支給停止が解除されることになります。また、同順位に複数の受給権者がある場合に1人が失権してもそれ以外の人は失権しません（子については加算額が減額されます）。

受給権者全員に共通の失権事由	死亡、結婚、離縁、直系血族・直系姻族以外の養子となったとき
妻の失権事由	夫死亡時に子のない妻が（または子のない妻になったときに）30歳未満の場合、5年を経過したとき
子または孫の失権事由	18歳到達後の最初の年度末を経過したとき、18歳到達後の最初の年度末以後に障害の状態でなくなったとき、20歳に達したとき
父母、孫、祖父母の失権事由	被保険者等の死亡当時胎児であった子が生まれたとき

手続き 遺族厚生年金の受給権者が婚姻、離縁、養子などで失権したときは、「遺族年金失権届」を住所地を管轄する年金事務所に提出します。年金を受けていた人が死亡した場合は「年金受給権者死亡届（報告書）」を提出します。なお、マイナンバーが収録されている人の死亡届は、原則省略できます。

時効特例給付の取り扱いに関するお問い合わせは	ねんきんダイヤル **TEL：0570-05-1165** ※050で始まる電話の場合は03-6700-1165	受付時間 (祝日(第2土曜日以外)、年末年始を除く)	月曜日	午前8:30～午後7:00
			火～金曜日	午前8:30～午後5:15
			第2土曜日	午前9:30～午後4:00

障害年金

障害給付の種類

障害給付には、国民年金から支給される「障害基礎年金（1・2級）」、厚生年金保険から支給される「障害厚生年金（1～3級）」「障害手当金」があります。また、平成17年4月に「特別障害給付金」制度が設けられました。

障害年金の受給要件

障害基礎年金 ※以下の❶～❸に該当すること	障害厚生年金 ※以下の❶～❸に該当すること
❶国民年金被保険者期間中に初診日のある傷病で障害の状態になり （被保険者の資格を失った後の場合は、60歳以上65歳未満で日本国内に住んでいる間に初診日があること。） ❷障害認定日※に1・2級の障害にある人で ❸初診日の前日において初診日の属する月の前々月までに保険料の滞納が被保険者期間の1/3を超えていないこと （令和8年3月までは初診日の属する月の前々月までの直近1年間に保険料の滞納がなければよいこと（65歳未満の者に限る）とされています。） ※上記のほか、20歳未満に初診日のある傷病で障害の状態になった場合にも支給されます。	❶厚生年金保険被保険者期間中に初診日のある傷病で障害の状態になり ❷障害認定日に1～3級の障害にある人で ❸国民年金の障害基礎年金を受けられる保険料納付要件を満たしていること （1・2級の場合は障害基礎年金に上乗せして支給され、3級の場合は厚生年金保険のみの独自給付となります。また、3級より軽度の障害の場合は障害手当金（一時金）が支給されます。） ＊上記❶～❸に該当する人が65歳以上の場合、障害基礎年金は支給されず、障害厚生年金は他の年金との選択になります。なお、65歳以上の場合は左欄❸の令和8年3月までの特例は適用されません。

※障害認定日…初診日から1年6ヵ月を経過した日、または1年6ヵ月以内に症状が固定した日

■障害等級の目安
1級の障害……他人の介助を受けなければほとんど日常生活を送ることができない状態
2級の障害……必ずしも他人の助けを借りる必要はないが、日常生活が困難で労働することができない状態
3級の障害……労働が著しい制限を受けるか、労働に著しい制限を加えることを必要とする状態
※身体障害者手帳などの等級とは基準が異なります

障害年金等の額
※障害厚生年金の額は平成16年年金改正により変更されていますが、現在は老齢厚生年金と同様に従前額が保障されています（26～27頁参照）。

(令和6年度額)

1級	厚生年金	障害厚生年金※3	(総報酬制実施前の期間分 Ⓐ ＋ 総報酬制実施後の期間分 Ⓑ) × 1.25 ★最低保障612,000円 ※2	
		配偶者加給年金額	234,800円	
	国民年金	障害基礎年金	1,020,000円	
		子の加算額※1	2人目まで（1人につき）234,800円、3人目から（1人につき）78,300円	
2級	厚生年金	障害厚生年金※3	総報酬制実施前の期間分 Ⓐ ＋ 総報酬制実施後の期間分 Ⓑ ★最低保障612,000円 ※2	
		配偶者加給年金額	234,800円	
	国民年金	障害基礎年金	816,000円	
		子の加算額※1	2人目まで（1人につき）234,800円、3人目から（1人につき）78,300円	
3級	厚生年金	障害厚生年金※3	総報酬制実施前の期間分 Ⓐ ＋ 総報酬制実施後の期間分 Ⓑ ★最低保障612,000円	
軽度の障害	厚生年金	障害手当金（一時金）	(総報酬制実施前の期間分 Ⓐ ＋ 総報酬制実施後の期間分 Ⓑ) × 2 ★最低保障1,224,000円	

※1 「子」とは、未婚で「18歳到達年度の末日までの子」または「20歳未満で1・2級の障害状態にある子」をいいます。

※2 1級・2級の障害厚生年金の最低保障額は、障害基礎年金を受けられない場合に用いられます。

※3 Ⓐ期間分 平均標準報酬月額 $\times \dfrac{7.125}{1000} \times$ Ⓐ期間被保険者月数　　Ⓑ期間分 平均標準報酬額 $\times \dfrac{5.481}{1000} \times$ Ⓑ期間被保険者月数

被保険者期間の月数が300月に満たないときは、$\dfrac{300月}{被保険者月数}$ として計算されます。

■障害年金加算改善法について
平成23年4月1日に施行された法律で、障害年金の受給権発生時だけでなく、受給権発生後の結婚等によって、生計を維持することになった65歳未満の配偶者や子※1がいる場合も、届出することによって障害厚生年金の配偶者加給年金額や障害基礎年金の子の加算が行われます。なお、施行日前からの生計維持関係が認められれば、施行月分から年金額が改定されます。

■児童扶養手当法の改正について
平成26年12月1日以降、同一の子を対象とした障害基礎年金の子の加算（以下、子の加算）と児童扶養手当を受けることができる場合は、子の加算が優先的に支給されます。令和3年3月分から、子の加算額が児童扶養手当の額を下回る場合は、差額分の児童扶養手当が受けられます。

障害年金を受けるための保険料納付要件など

障害厚生年金、障害基礎年金または障害手当金を受けるためには、次の要件を満たすことが必要です。

❶障害の原因になった傷病の初診日から1年6ヵ月を経過した日、またはそれ以前に症状が固定した日(これらを「障害認定日」といいます)に一定の障害の状態になっていること
❷障害手当金の場合は初診日から5年を経過した日、または5年以内で症状が固定した日に3級より軽い一定の障害の状態になっていること
❸初診日の前日において、初診日の属する月の前々月までに国民年金被保険者期間の3分の1を超える保険料の滞納がないこと。ただし、3分の1を超える滞納があっても、初診日に65歳未満で初診日の属する月の前々月までの直近1年間に保険料の滞納がなければよいこととされています(令和8年3月までの特例)。

※なお、20歳前に初診日のある障害基礎年金(厚生年金保険の被保険者を除く)は、保険料納付要件は問われません。

障害厚生年金は300月加入を保障

障害厚生年金は、被保険者期間が300月に満たない場合、すべて300月として、300月分に増額して計算されることになっています。また、3級は2級と同じ計算方法ですが、障害基礎年金や配偶者加給年金額・子の加算額はありません。このため最低保障額(612,000円)が設けられています。

障害基礎年金と老齢厚生年金等の併給

平成18年4月から、65歳に達している者について「障害基礎年金と老齢厚生年金」、「障害基礎年金と遺族厚生年金」の併給が可能となっています。これは、障害を持ちながら働き続け、保険料を納めたことが年金給付に反映されるしくみに改められたものです。なお、障害基礎年金と老齢厚生年金の併給を選択し、老齢厚生年金の加給年金額の対象となる子がいる場合、子に対する加給年金額は支給停止され、障害基礎年金の子の加算額が支給されます。

障害厚生年金等と他の制度との調整

●障害厚生年金等が受けられるとき労災保険の給付が調整されます

業務上または通勤災害によるけがや疾病が原因で障害となった場合には、労災保険と公的年金の双方から年金給付が行われます。これら同一の事由で両方の年金が支給される場合、障害厚生年金や障害基礎年金を全額支給し、労災保険の障害(補償)年金・傷病(補償)年金の額は一定の率を乗じて減額されます。

●障害厚生年金等が受けられるとき傷病手当金は打ち切られます

健康保険の傷病手当金を受けていた人に、同一の病気やけがで障害厚生年金(障害手当金)が支給されるときは、支給残期間があっても傷病手当金は支給が打ち切られます。ただし、障害厚生年金(障害基礎年金も受けられるときは合算した額)の日額に相当する額が傷病手当金の日額より少ない場合はその差額が支給されます。

参考 老齢基礎年金・老齢厚生年金と傷病手当金の調整も行われます

健康保険から資格喪失後の継続給付として傷病手当金を受けている人等が老齢基礎年金・老齢厚生年金を受けることとなったときは、傷病手当金の支給は打ち切られます。ただし、老齢基礎年金・老齢厚生年金の日額に相当する額が傷病手当金の日額より少ない場合はその差額が支給されます。

特別障害給付金制度

国民年金に任意加入していなかったため、障害基礎年金等を受けていない障害者を対象とした「特別障害給付金制度」が平成17年4月に設けられました。支給の対象は、平成3年3月以前に国民年金任意加入対象であった学生、または、昭和61年3月以前に国民年金任意加入対象であった厚生年金保険の被保険者等の配偶者で、任意加入していなかった期間内に初診日があり、現在、障害基礎年金の1級・2級の障害の状態にある人です。令和6年度の支給額は、1級の障害にある人は月額55,350円(2級の1.25倍)、2級の障害にある人は月額44,280円です。また、本人の所得や他の年金等を受けているなどの理由により、一部または全額が支給停止されることがあります。

※支給額は、毎年度対前年消費者物価指数の変動に応じて改定されます。

ねんきん定期便

平成21年4月に送付が開始された「ねんきん定期便」。ねんきん定期便は、年金制度の加入者に誕生月(1日生まれの方は誕生月の前月)に毎年送付するもので、本人に年金記録を通知し、確認していただくことを目的としています。

初年度は全期間の標準報酬月額が通知されるなど詳細な内容でした。平成22年度からは、詳細な内容が通知されるのは節目年齢時のみになりました。平成23年度からは、「ねんきんネット」がスタートしたことに伴い、ねんきん定期便に「アクセスキー」が記載されています(「ねんきんネット」については、74〜75頁参照)。平成24年度からは、ねんきん定期便のスタートから3年が経過したこともあり、簡素化が図られました。節目年齢時を除いた方には、記述内容を簡素化したハガキ形式のねんきん定期便が送付されています。

平成27年12月以降、ねんきん定期便は加入している実施機関または最終加入記録を有する実施機関から送付され、日本年金機構からのねんきん定期便についても共済加入記録を含む加入記録が送付されます。

ねんきん定期便とは?

ねんきん定期便は、国民年金・厚生年金保険の加入者(被保険者)に対し、年金加入記録や保険料納付実績、年金見込額などの年金個人情報を、毎年誕生月に送付します。年齢等により送付内容等が異なり、節目年齢(35、45、59歳)の方には封書形式、それ以外の方にはハガキ形式のねんきん定期便が送付されます。

ねんきん定期便で送付されるもの

●50歳未満(35、45歳を除く)の方
ハガキ形式のねんきん定期便(記載内容は、①照会番号、②最近の月別状況です、③保険料納付額、④年金加入期間、⑤加入実績に応じた年金額、⑥アクセスキー)

●50歳以上の方(年金受給者であり現役被保険者の方は⑤を除く)
ハガキ形式のねんきん定期便(記載内容は、①照会番号、②最近の月別状況です、③保険料納付額、④年金加入期間、⑤老齢年金の種類と見込額、⑥アクセスキー)

●35、45歳の方
①ねんきん定期便、②保険料納付額、③年金加入期間、④加入実績に応じた年金額、⑤年金加入履歴、⑥厚生年金保険における標準報酬月額などの月別状況、⑦国民年金保険料の納付状況、⑧年金加入記録回答票、⑨「ねんきん定期便」の見方ガイド

●59歳の方
①ねんきん定期便、②保険料納付額、③年金加入期間、④老齢年金の種類と見込額、⑤年金加入履歴、⑥厚生年金保険における標準報酬月額などの月別状況、⑦国民年金保険料の納付状況、⑧年金加入記録回答票、⑨「ねんきん定期便」の見方ガイド

①「ねんきん定期便」に記載される年金(見込)額について(次頁参照)
- ・50歳未満の方…加入実績に応じた年金見込額
- ・50歳以上の方…「ねんきん定期便」作成時点の年金制度に加入し続けた場合の将来の年金見込額(厚生年金基金代行分を含む)
- ・年金受給者であり現役被保険者…年金見込額は通知されません

②「最近の月別状況です」について(次頁参照)
直近1年分の加入記録が通知されます。
節目年齢(35、45、59歳)時には、「最近の月別状況です」に代わり、全加入期間の「年金加入履歴」、「厚生年金保険の標準報酬月額と保険料納付額の月別状況」、「国民年金保険料の納付状況」が通知されます。

記載内容を確認

「ねんきん定期便」が届いたら、年金加入期間などの記載内容にもれや誤りがないかを確認する必要があります。もれや誤りがあった場合、節目年齢(35、45、59歳)の方は同封されている「年金加入記録回答票」に必要事項を記入して返送してください。もれや誤りがない場合は返送する必要はありません。節目年齢以外の方は、ねんきん定期便・ねんきんネット専用番号(次頁下参照)にお問い合わせください。

書式の見方

最近の月別状況です

最近の月別状況です

下記の月別状況や裏面の年金加入期間に「もれ」や「誤り」があると思われる方は、お近くの年金事務所にお問い合わせください。

年月(和暦)	国民年金(第1号・第3号)納付状況	厚生年金保険 加入区分	標準報酬月額(千円)	標準賞与額(千円)	保険料納付額

●標準報酬月額・標準賞与額・保険料納付額
標準報酬月額は、給与額を一定の等級にあてはめたもので、下限額88,000円、上限額650,000円です。
標準賞与額は、賞与額(平成15年4月以後)の1,000円未満切り捨て、1ヵ月の支払につき上限150万円です。
保険料納付額については、給与(及び賞与)から納めた保険料額が記載されます。厚生年金基金に加入している人については、厚生年金保険料の一部が厚生年金基金に納められるため、厚生年金基金に納められた分が差し引かれた額が記載されます。

1 これまでの保険料納付額(累計額)

(1)国民年金(第1号被保険者期間)	円
(2)厚生年金保険料(被保険者負担額)	円
一般厚生年金期間	円
公務員厚生年金期間	円
私学共済厚生年金期間	円
(1)と(2)の合計	円

2 これまでの年金加入期間 (老齢年金の受け取りには、原則として120月以上の受給資格期間が必要です。)

国民年金(a)			付加保険料納付済月数	船員保険(c)	年金加入期間 合計(未納期間を除く)(a+b+c)	合算対象期間等(d)	受給資格期間(a+b+c+d)
第1号被保険者(未納期間を除く)	第3号被保険者	国民年金 計(未納期間を除く)					
月	月	月	月	月			
厚生年金保険(b)							
一般厚生年金	公務員厚生年金	私学共済厚生年金	厚生年金保険 計		月	月	月
月	月	月	月				

この部分は、年齢等により内容が異なります(前頁参照)。

50歳未満の方

3 これまでの加入実績に応じた年金額

(1)老齢基礎年金	円
(2)老齢厚生年金	円
一般厚生年金期間	円
公務員厚生年金期間	円
私学共済厚生年金期間	円
(1)と(2)の合計	円

50歳以上の方

3 老齢年金の種類と見込額(年額)

受給開始年齢	歳〜	歳〜	歳〜	歳〜
(1)基礎年金				老齢基礎年金 円
(2)厚生年金	特別支給の老齢厚生年金	特別支給の老齢厚生年金	特別支給の老齢厚生年金	老齢厚生年金
一般厚生年金期間	(報酬比例部分)円 (定額部分)円	(報酬比例部分)円 (定額部分)円	(報酬比例部分)円 (定額部分)円	(報酬比例部分)円 (経過的加算部分)円
公務員厚生年金期間	(報酬比例部分)円 (定額部分)円 (経過的職域加算額(共済年金))円	(報酬比例部分)円 (定額部分)円 (経過的職域加算額(共済年金))	(報酬比例部分)円 (定額部分)円 (経過的職域加算額(共済年金))	(報酬比例部分)円 (経過的加算部分)円 (経過的職域加算額(共済年金))円
私学共済厚生年金期間	(報酬比例部分)円 (定額部分)円 (経過的職域加算額(共済年金))	(報酬比例部分)円 (定額部分)円 (経過的職域加算額(共済年金))	(報酬比例部分)円 (定額部分)円 (経過的職域加算額(共済年金))	(報酬比例部分)円 (経過的加算部分)円 (経過的職域加算額(共済年金))円
(1)と(2)の合計	円	円	円	円

問い合わせ先

ねんきん定期便・ねんきんネット専用番号
☎ 0570-058-555　※050で始まる電話の場合は 03-6700-1144
【受付時間】月曜日…午前8:30〜午後7:00　火〜金曜日…午前8:30〜午後5:15
第2土曜日…午前9:30〜午後4:00 (祝日(第2土曜日以外)、年末年始を除く)

電子版ねんきん定期便
電子版を利用するには、ねんきんネットの利用登録をしている必要があります。特徴は年金記録を24時間いつでも確認できることなどです。詳細は75頁をご覧ください。

ねんきんネット

日本年金機構は、年金個人情報の提供を目的として、平成23年2月に「ねんきんネット」を開設しました。ねんきんネットでは、ホームページ上で自分の年金記録などを確認することができます。平成23年10月以降、「年金見込額試算」などの新サービスが順次開始されています。

ねんきんネットへのアクセス

ねんきんネットは、日本年金機構のホームページからアクセスできます。トップページ右側の「ねんきんネット」をクリックすると、ねんきんネットの利用法などを紹介するページが開きます。利用登録をしていない方は「新規登録」をクリックし、申請用のページで「手続きの流れ」をご確認ください。利用規約等を確認後、「ご利用登録」へ進みます。

ねんきんネットURL
https://www.nenkin.go.jp/n_net/

ねんきんネットのサービス内容

ねんきんネットが行っている主なサービスは「年金記録の確認」「年金見込額の試算」「各種通知書の確認」です。そのほか、「通知書の再交付申請」、「私の履歴整理表作成」、「持ち主不明記録検索」なども利用できます。

1 年金記録を確認する

①一覧で年金記録を確認する

「年金記録の一覧表示」では、年度ごとの加入履歴や保険料納付額、老齢年金の見込額などを一覧に表示しています。

このページで確認できるのは、下記の記録です。

❶公的年金制度（国民年金・厚生年金保険・船員保険）の加入履歴（加入制度、お勤め先の名称等、加入月数）

❷1年間の保険料納付額、これまでの保険料納付額　❸年金見込額（年額）

②月別の年金記録を確認する

月別の年金制度加入記録、通算の年金加入期間、加入実績に応じた年金見込額、これまでの保険料納付額が確認できます。

③国民年金・厚生年金保険加入記録の確認

国民年金・厚生年金保険の制度ごとに年金加入記録が確認できます。国民年金では、月別の加入記録、納付済月数や免除月数などの加入期間の情報が確認できます。厚生年金保険では、加入期間中の標準報酬月額・標準賞与額等の加入記録・加入期間の情報が確認できます。

国民年金保険料や付加保険料を納めていない期間があったり、免除（全額、4分の1、半額、4分の3）、納付猶予（納付猶予、学生納付特例）の承認を受けた期間について納付や追納をしなかった場合、その部分は老齢基礎年金の年金額に反映されず、減額された老齢基礎年金が支給されることとなります（20頁参照）。国民年金保険料の納付・後払い（追納）が可能な場合、納付・後払い（追納）が可能な月数と保険料額がねんきんネットで確認できます。付加保険料についても同様です。

2 将来の年金額を試算する

「かんたん試算」では、現在の加入条件が60歳まで継続すると仮定した見込額が試算できます。

「詳細な条件で試算」では、将来の加入する年金制度や収入等を自分で設定し、その条件に基づいて受けられる年金額が試算できます。受給開始年齢を繰り上げ・繰り下げした場合の年金額も試算できます。

「試算結果を確認する」では、試算結果の確認や試算結果をグラフで確認できます。試算結果は90日間保存されます。

国民年金保険料の納付・後払い（追納）が可能な場合、納付・後払い（追納）した場合の年金額を試算することができます。付加保険料についても同様です。

3 通知書を確認する

①電子版「ねんきん定期便」・「被保険者記録照会回答票」

電子版のねんきん定期便※を利用するには、ねんきんネットの利用登録をしている必要があります。誕生月（1日生まれの方は誕生月の前月）に電子版ねんきん定期便のお知らせが、登録のメールアドレスに配信されます。電子版ねんきん定期便では、年金記録を24時間いつでも確認できます。

平成24年4月以降、ねんきんネットにログインすると、ねんきん定期便の郵送を希望するかどうかを確認する画面が表示されます。郵送を希望しない方にも、節目年齢には書面のねんきん定期便が郵送されます。

電子版の被保険者記録照会回答票※では、これまでの年金加入履歴を確認することができます。
※PDFファイルで作成されます。

②年金の支払いに関する通知書の確認

年金受給者の方に郵送されている「年金振込通知書※」「年金支払通知書※」「年金額改定通知書※」「年金決定通知書・支給額変更通知書※」を、ねんきんネット上でも確認できます。一定額以上の公的年金等を受けている方には、年金支給額や源泉徴収額を証明する「公的年金等の源泉徴収票※」が送付されます。この源泉徴収票を、ねんきんネット上でも確認できます。確認したデータをダウンロードして、保存しておくことも可能です。

※電子版の「年金額改定通知書」と「年金決定通知書・支給額変更通知書」のプリントアウトは、年金額証明書類には使用できません。平成31年4月以降の確定申告書の提出の際、「公的年金等の源泉徴収票」の添付が不要となりました。ただし、税務署等で確定申告書を作成する場合、源泉徴収票が必要となり、電子版の「公的年金等の源泉徴収票」のプリントアウトも使用可能です。

4 その他の便利機能を利用する

「その他の便利機能を利用する」では、「通知書の再交付申請」「届書の作成」「私の履歴整理表作成」「持ち主不明記録検索」等が利用できます。

「通知書の再交付申請」では、以下のご本人分の通知書の再交付申請が可能です。
・社会保険料（国民年金保険料）控除証明書　・公的年金等の源泉徴収票　・年金額改定通知書　・年金振込通知書
・支給額変更通知書

「届書の作成」では、年金請求書等、年金の手続きで必要となる各種届書の作成が可能です。扶養親族等申告書等、一部の届書は電子申請が可能です。その他の届書は年金事務所等へ持参するか郵送で提出します。

「私の履歴整理表作成」は、自分の履歴を整理し、年金記録との照合を行うためのツールです。「私の履歴整理表」は、過去の勤務先、住所などを入力すると、自動的に作成されます。「持ち主不明記録検索」は、日本年金機構で管理している年金記録のうち、持ち主が不明なものを検索できるサービスです。

スマートフォン版「ねんきんネット」

日本年金機構では、スマートフォン版の「ねんきんネット」を開設しています。パソコン版の「ねんきんネット」で提供しているサービスについては、一部を除いてスマートフォン版でも利用できます。令和6年3月現在、利用できないサービスは「持ち主不明記録検索」「私の履歴整理表」「届書の作成」です。

マイナポータル

　マイナポータルは、政府が運営するオンラインサービスです。子育てや介護などの行政手続きがワンストップでできたり、行政機関からのお知らせを確認できたりします。
　マイナポータルでは、以下のサービスが提供されています。

●手続きの検索・電子申請
　地方公共団体が提供している行政機関の手続きを検索したり、手続きによってはそのままオンラインで申請ができます。

●わたしの情報について
　行政機関などが持っている、自分の特定個人情報を確認できます。

●お知らせについて
　行政機関などから配信されるお知らせを確認できます。

●やりとり履歴
　情報提供ネットワークシステムを通じて、「わたしの情報」が行政機関間でやりとりされた履歴を確認できます。

●もっとつながるについて
　外部サイトを登録することで、マイナポータルから外部サイトへのログインが可能となります。

マイナポータルURL
https://myna.go.jp

マイナポータルを使うための準備

　マイナポータルのサービスを利用するには、以下の準備が必要です。
①ご自身のマイナンバーカードと、登録した利用者証明用電子証明書パスワード（4桁）を用意。
②パソコン・ICカードリーダライタもしくはスマートフォンを用意。
③利用者登録を行う。

マイナポータルで利用できる年金関係の情報の確認と手続き

　マイナポータルでは、以下の年金関係のサービスが利用できます。サービスを利用するためには、利用者登録、ログインが必要です。

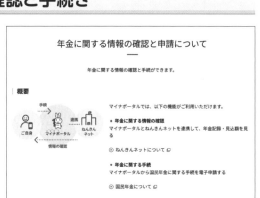

●手続き（電子申請）
・国民年金被保険者の資格取得（種別変更）の届出
・国民年金保険料免除・納付猶予申請および学生納付特例申請

●情報の確認
　「ねんきんネット」のユーザIDを持っていない人でも、マイナポータルでねんきんネットとの連携手続きをすることで、ねんきんネット上で自分の年金記録・年金見込額を確認することができます。

| わたしとみんなの年金ポータル | 　厚生労働省では、年金について知りたいことがすぐに探せる「わたしとみんなの年金ポータル」を開設しています。関係機関のホームページの年金に関する情報にアクセスしやすい構成となっています。
　「わたしの年金」では自分のライフイベントから選んでアクセスでき、「みんなの年金」では年金制度に関する疑問等から選んでアクセスできるようになっています。
　LINE公式アカウントも開設しています。 |  |

年金ポータルURL:https://www.mhlw.go.jp/nenkinportal/

年金を受ける手続き

　加入期間や年齢などの条件を満たせば、年金を受ける権利（受給権）が発生します。ただし、それだけでは年金は受けられません。年金を受給するためには、受給権が発生したら自分で請求手続きを行わなければなりません。老齢年金の場合、受給開始年齢※や65歳に到達する前に送られる事前送付用の年金請求書等を使って、手続きを忘れずに行います。

　受給開始年齢※以降も在職中の場合、給料・賞与と年金額に応じて年金の支給が調整されます。その場合、年金の請求をしないと年金額がわかりません。ですから在職中であっても受給開始年齢※になったら年金の請求をする必要があります。年金は受けられる日から5年を過ぎた分は原則として受けられなくなりますのでご注意ください。

　なお平成23年11月より、年金請求に必要となる振込先（普通または当座に限る）の金融機関証明について、預貯金通帳・キャッシュカードの写し、一部のインターネットバンク（いずれも氏名、金融機関名、支店番号、口座番号が確認できるもの）でも可能となりました。公金受取口座を指定の場合、金融機関証明や預貯金通帳等の写しの添付は不要です。また、平成24年7月から一定の外国人も住基法の適用対象となったため、下記の添付書類等が変更となる場合があります。

※平成25年度以降、性別・生年月日によって特別支給の老齢厚生年金の受給権発生年齢が異なります（25頁参照）。

年金請求書を提出し年金決定通知書と年金証書にもとづいて年金を受けます

❶老齢基礎年金・老齢厚生年金を受ける手続き

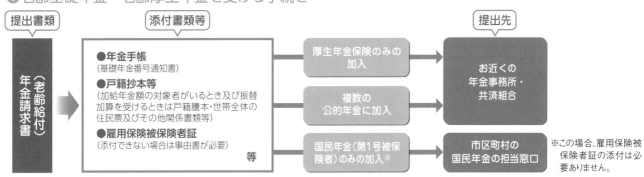

　特別支給の老齢厚生年金を受給されていて、65歳に達した人には、日本年金機構から年金請求書（ハガキ形式）が郵送されますので、必要事項を記入し返送することにより、老齢基礎年金・老齢厚生年金の決定が行われることになります。

※年金を66歳以降に繰り下げて受ける人は、年金請求書（ハガキ形式）の「繰下げ希望欄」のいずれかの「希望する」を○で囲むか、返送せず、繰下げ請求時に「支給繰下げ請求書」を提出します。

※平成19年4月より、年金請求書（ハガキ形式）について、市町村長の証明が不要となりました。

※繰上げ請求を希望するときは、「老齢厚生年金・老齢基礎年金支給繰上げ請求書」のほかに、「老齢年金の繰上げ請求についてのご確認」の署名・添付を求められます。

Q&A

Q 特別支給の老齢厚生年金を受給しています。来年65歳になりますが、何か手続きが必要ですか？　また、年金額は変わりますか？

A 60歳代前半の特別支給の老齢厚生年金を受給している方が65歳になると、新たに老齢厚生年金と老齢基礎年金を受けることになります。65歳になる前に「年金請求書」（はがき形式）が送付されますので、必要事項を記入し、誕生月の末日（1日生まれの方は前月末日）までに日本年金機構へ提出してください。

　国民年金保険料の納付状況等により、年金額が変わる可能性があります。年金請求書を提出後、65歳からの老齢厚生年金と老齢基礎年金の年金額が、日本年金機構から通知されます。

Q 基礎年金番号はどうやって確認すればいいですか？

A 基礎年金番号は「青色の年金手帳」や「基礎年金番号通知書」で確認できます。

　青色の年金手帳以外の年金手帳をお持ちの方や基礎年金番号通知書をお持ちでない方は、以下の書類等で確認できます。

1.国民年金保険料の口座振替額通知書　　3.年金証書
2.国民年金保険料の納付書、領収書　　　4.各種通知書等（年金額改定通知書、年金振込通知書等）

　上記の書類等で確認できない場合は、以下のいずれかの方法でご確認ください。
・会社員の場合、お勤めの総務等担当部署にお問い合わせください。
・「ねんきん定期便・ねんきんネット専用番号」にご連絡ください。
・最寄りの年金事務所の窓口でご相談ください。

❷障害基礎年金・障害厚生年金を受ける手続き

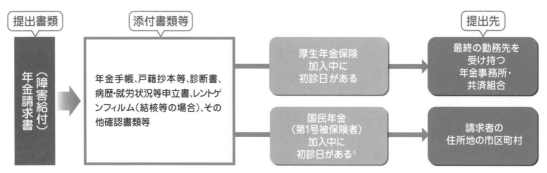

※20歳未満及び60歳以上65歳未満の日本在住の老齢基礎年金待期中に初診日がある場合も含む。

❸遺族基礎年金・遺族厚生年金を受ける手続き

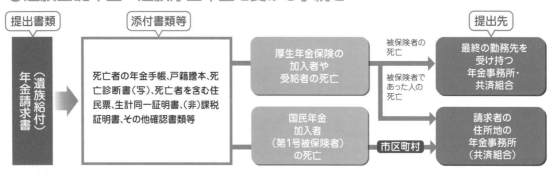

※第3号被保険者期間中に初診日がある障害給付及び第3号被保険者期間中の死亡等による遺族給付については、提出先は請求者の住所地の年金事務所となります。
※上記❶～❸のいずれの請求書もお近くの年金事務所や街角の年金相談センターでも受け付けてくれます。
※上記❶～❸の請求書について、マイナンバーの記入により省略可能な添付書類があります。

┃マイナンバーの記入について

　日本年金機構へ提出する年金関係の届書については、平成30年3月以降ほぼすべての書類にマイナンバーを記入することとなっています。マイナンバーを記入した場合、一部の書類の提出が不要となるなど、利便性が向上します。

●年金受給権者現況届（現況届）について

　平成29年1月末以降の現況届については、個人番号記載欄に受給権者本人のマイナンバーを記入することとなっています。マイナンバーを記入した場合、住所変更届や翌年以降の現況届の提出が原則不要となります。詳細については、現況届に同封されているリーフレットをご確認ください。

●年金請求書について

　平成29年4月以降に提出する年金請求書については、個人番号記入欄に請求者本人のマイナンバーを記入することとなっています。マイナンバーを記入した場合、生年月日に関する書類（住民票等）の添付が原則不要となります。詳細については、年金請求書に記載されている注意事項をご確認ください。

Q&A

Q　年金関係では、マイナンバーは何に使えますか？

A　マイナンバーカードを提示することができる場合、年金に関する相談や年金記録に関する照会が可能となります。マイナンバーが収録されている（マイナンバーと基礎年金番号が紐付いている）場合、被保険者、受給権者の方は住所変更届、氏名変更届などの提出が原則省略可能です。

　また、国民年金の第1号被保険者、第3号被保険者、受給権者については、死亡届の省略も可能です。厚生年金被保険者の死亡については、資格喪失届の提出が必要です。

※令和6年4月現在、戸籍関係の書類等については、添付書類の省略はできません。詳しくは日本年金機構のホームページをご確認ください。

老齢年金の請求手続き

●受給開始年齢※になったとき年金請求書で請求します
　年金請求書は、受給開始年齢※または65歳前に本人に送付されます

　老齢厚生年金や老齢基礎年金を請求する場合、以前は年金事務所等で用紙(「国民年金・厚生年金保険老齢給付裁定請求書」)を受けとり、必要な事項を記入して提出していました。

　平成17年10月から、年金を請求する人の利便及び裁定請求もれを防ぐため、受給開始年齢※や65歳に到達する3ヵ月前に、あらかじめ基礎年金番号や年金加入記録などを印字した事前送付用の「年金請求書(国民年金・厚生年金保険老齢給付)」が本人に送付されています。年金請求書が送られてきたら、記載事項を確認し、必要事項を記入して添付書類を用意のうえ、受給開始年齢※または65歳の誕生日の前日以降に年金事務所等に提出します。添付書類として提出する戸籍謄本や住民票は、受給権発生日(受給開始年齢※または65歳到達日)以降請求日前6ヵ月以内に発行されたものが必要となります。

　事前に年金請求書(事前送付用)が送付されるのは、次のような場合です。

「年金請求書」が事前送付される人	送付の時期
☐ 受給開始年齢※から特別支給の老齢厚生年金の受給権が発生する人(S.22.1.2以降生まれ)	受給開始年齢※に達する3ヵ月前
☐ 65歳から老齢基礎年金・老齢厚生年金の受給権が発生する人(S.17.1.2以降生まれ)	65歳に達する3ヵ月前
☐ 65歳前に特別支給の老齢厚生年金の受給権が発生しているにもかかわらず、年金を請求していない人(S.17.1.2以降生まれ)	65歳に達する3ヵ月前

　また、日本年金機構が基礎年金番号で管理している年金記録だけでは老齢基礎年金の受給資格(期間要件)が確認できない人など、次のような場合は、「年金請求書」に代わって、「年金に関するお知らせ(はがき)」が送付されます。

「年金に関するお知らせ(はがき)」が送付される人	送付の時期
☐ 日本年金機構が基礎年金番号で管理している年金記録だけでは老齢基礎年金等を受けるために必要な加入期間が確認できない人(S.22.1.2以降生まれ)	いずれも60歳に達する3ヵ月前
☐ 厚生年金保険の加入期間が12ヵ月に満たないため、特別支給の老齢厚生年金の受給権がない人(S.22.1.2以降生まれ)	
☐ 60歳到達後に受給権が発生する人(S.22.1.2以降生まれ)	

> **「年金に関するお知らせ」について**
>
> **1. 老齢年金のご案内**
> 　65歳から老齢基礎年金、老齢厚生年金の受給権が発生する方に対し、60歳到達月の3ヵ月前に、年金の受給資格がある旨及び特別支給の老齢厚生年金の受給権について記載した「年金に関するお知らせ(はがき)」が日本年金機構から送付されます。
>
> **2. 年金加入期間確認のお願い**
> 　日本年金機構が管理する年金加入記録のみでは、老齢基礎年金の受給資格が確認できない方に対しては、60歳到達月の3ヵ月前に、年金加入期間の確認、年金請求の手続きなどをお知らせする「年金に関するお知らせ(はがき)」が日本年金機構から送付されます。

※平成25年度以降、特別支給の老齢厚生年金の受給権が発生する時期が、昭和28年4月2日以降生まれの男性から順次61歳以降となりました。そのため、性別・生年月日によって受給権発生時の年齢が異なります(25頁参照)。

　「年金に関するお知らせ(はがき)」を受けとった人は、その後に受給資格を満たす場合もあり、合算対象期間などを加えると受給資格を満たす場合もあります。不明な点があるときは最寄りの年金事務所にお問い合わせください。年金の加入期間に計算される期間で日本年金機構が把握できない期間としては次のような期間があります。

　1. 合算対象期間(カラ期間)(16頁参照)
　2. 旧共済組合等の加入期間のうち日本年金機構に情報提供されていない期間
　3. 基礎年金番号以外の年金手帳による記号番号で加入していた期間
　4. 第3号被保険者の未届期間　等

　上記の期間を加えて必要な加入期間を満たした人は、年金事務所等にある「年金請求書(国民年金・厚生年金保険老齢給付)」(様式第101号)の用紙で年金を請求してください。

年金についてのお問い合わせは「ねんきんダイヤル」へ

　年金(裁定)請求の手続き等の年金についてのお問い合わせは、日本年金機構の「ねんきんダイヤル」が便利です。全国の年金電話相談センター等のうち回線の空いているところにつながるしくみで、固定電話からかければ、全国どこからでも市内通話料金で利用できます。

年金請求などの年金相談

☎ 0570-05-1165（イイロウゴ）
※050で始まる電話の場合は 03-6700-1165

受付時間 (祝日(第2土曜日以外)、年末年始を除く)	月曜日	午前8:30 ～ 午後7:00
	火～金曜日	午前8:30 ～ 午後5:15
	第2土曜日	午前9:30 ～ 午後4:00

年金と税金

　国や厚生年金基金、企業年金基金などから受ける老齢（退職）年金は、税制上、雑所得として扱われ、所得税や住民税がかかります。年金額などによっては、年金支払いの際、一定額の所得税が源泉徴収されますが、確定申告をすることにより還付される場合があります。

老齢（退職）年金にかかる所得税

　国や基金等の老齢（退職）年金には、所得税がかかります。所得税は、厚生労働省などの年金の支払者が、支払い時に源泉徴収します。ただし、年金額が表1の額に満たないときは、源泉徴収は行われません。

　所得税は、1月1日から12月31日までの1年間の所得に対し、その年に課税され、翌年に確定申告で過不足を精算します。

　国から支給される障害年金や遺族年金、厚生年金基金から支給される遺族一時金などは非課税となっています。

STEP1 公的年金等[1]にかかる所得税は、老後の生活を支える重要な役割を果たしていることから、税負担を軽くする「公的年金等控除」が設けられています。「公的年金等控除」の計算は、65歳未満と65歳以上とでは異なります（表2参照）。
年金額から公的年金等控除額を差し引いた額や、給与から給与所得控除額を差し引いた額などを合算した額が「所得」となります。

STEP2 STEP1で計算された「所得」から、各種「所得控除額」（表3参照）を差し引いた額が、「課税対象所得」となります。所得控除には、社会保険料控除や医療費控除などがあり、源泉徴収で差し引かれた税額が、確定申告を行うことにより一部還付されることとなります。

STEP3 「課税対象所得」に所得税率を乗じ、所得税額を計算します。（表4参照）

■老齢（退職）年金にかかる所得税の計算方法

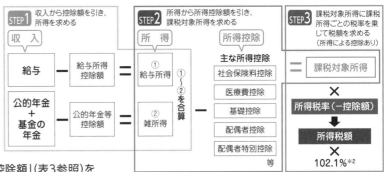

※1 公的年金等には、①国民年金・厚生年金保険・共済組合等の老齢（退職）年金、②厚生年金基金・企業年金基金等の企業年金の老齢（退職）年金、③確定拠出年金から支払われる老齢年金、④過去の勤務により会社等から支払われる年金、⑤恩給等が該当します。

※2 東日本大震災からの復興に必要な財源の確保のため、復興特別所得税が創設されました。平成25年1月から令和19年12月までに支給される年金も課税の対象となります。復興特別所得税額は、所得税額の2.1％相当額です。

■表1　源泉徴収を要しない金額

年金の種類	65歳未満	65歳以上
国の年金	108万円未満	158万円未満
厚生年金基金の年金	108万円未満	80万円未満

■表2　公的年金額等控除額（令和6年分）

●65歳未満（公的年金以外の合計所得が1,000万円以下の場合）

公的年金等の収入金額（A）	公的年金等控除額
130万円未満	60万円
130万円以上　410万円未満	（A）×25％＋27.5万円
410万円以上　770万円未満	（A）×15％＋68.5万円
770万円以上1,000万円未満	（A）×5％＋145.5万円
1,000万円以上	195.5万円

●65歳以上（公的年金以外の合計所得が1,000万円以下の場合）

公的年金等の収入金額（A）	公的年金等控除額
330万円未満	110万円
330万円以上　410万円未満	（A）×25％＋27.5万円
410万円以上　770万円未満	（A）×15％＋68.5万円
770万円以上1,000万円未満	（A）×5％＋145.5万円
1,000万円以上	195.5万円

■表4　所得税額の速算表

課税対象所得金額（A）	所得税額
195万円以下	《（A）× 5％》× 102.1％
195万円超　330万円以下	《（A）× 10％ － 97,500円》×102.1％
330万円超　695万円以下	《（A）× 20％ － 427,500円》×102.1％
695万円超　900万円以下	《（A）× 23％ － 636,000円》×102.1％
900万円超 1,800万円以下	《（A）× 33％ － 1,536,000円》×102.1％
1,800万円超 4,000万円以下	《（A）× 40％ － 2,796,000円》×102.1％
4,000万円超	《（A）× 45％ － 4,796,000円》×102.1％

■表3　所得税に関する主な所得控除（令和6年分）

種　類	控　除　額		
社会保険料控除	社会保険料の支払額*		
医療費控除**	総医療費－保険金等の補填額***－10万円または所得金額の5％（どちらか少ない額）＝医療費控除額（上限200万円）		
生命保険料控除	平成23年までの契約分については、保険料の種類と金額に応じ最高10万円　平成24年以降の契約分から「介護保険料」が加わり、金額に応じ最高12万円		
地震保険料控除	地震等に係る損害保険料の種類と金額に応じ最高5万円		
配偶者控除　本人（居住者）と配偶者の所得金額に応じ決定	配偶者の年齢	右記以外	同居特別障害者
	70歳未満	13万円～38万円	88万円～113万円
	70歳以上	16万円～48万円	91万円～123万円
配偶者特別控除	本人（居住者）と配偶者の所得金額に応じ1万円～38万円		
扶養控除	扶養親族の年齢	右記以外	同居特別障害者
	16歳未満	－	75万円
	19歳以上23歳未満	63万円	138万円
	70歳以上（同居老親等）	48万円（58万円）	123万円（133万円）
	上記以外	38万円	113万円
障害者控除	1人につき27万円（特別障害者は40万円）		
寡婦控除	27万円		
ひとり親控除	35万円		
基礎控除	48万円		

＊　　確定申告において社会保険料控除の適用を受ける場合、電子申告などの場合を除いて保険料の支払いを証明する書類を提出する必要があります。

＊＊　医療費控除の適用を受けるには、電子申告などの場合を除いて医療費控除の明細書の添付が必要です。（セルフメディケーション税制の適用を受ける場合は、通常の医療費控除は受けることはできません）

＊＊＊　健康保険などの社会保険から受ける療養費、生命保険等の医療保険金、入院給付金などの医療費補填額が該当します。

※年金等はその年の12月31日現在の状況で確認します。

※この他、住民税もかかります。住民税の所得控除の種類は、所得税とほとんど同じですが、所得控除額は異なっています。

源泉徴収と扶養親族等申告書について

　老齢（退職）年金の源泉徴収の際、所得控除を受けるためには、「公的年金等の受給者の扶養親族等申告書」を年金の支払者（国や厚生年金基金など）に毎年提出しなければなりません。源泉徴収の対象となる人には、扶養親族等申告書が国や基金から送付されます。この扶養親族等申告書に必要事項を記入、提出することにより、翌年の年金についての源泉徴収税額が決定されます。平成29年1月以降の扶養親族等申告書については、個人番号記入欄に請求者本人と扶養親族等のマイナンバーを記入することとなっています。令和2年より扶養親族等申告書を提出しない場合も年金額に一定の計算方法による控除を行なった後、5.105%※1が源泉徴収されますが、扶養控除等が受けられず、提出した場合に比べ多くの税が源泉徴収される場合があります。制度上、扶養親族等申告書を提出できない企業年金基金の老齢給付金などは年金額の7.6575%※2が源泉徴収されます。この場合、確定申告を行うことで納め過ぎた税金の還付を受けることができます。その対象年の最後の支払い前であれば、提出期限を過ぎて提出された扶養親族等申告書等でも、税額が再計算され、控除しすぎた税金は還付されます。

※1　5.105%＝5%×102.1%（復興特別所得税分）
※2　7.6575%＝（1－25%）×10%×102.1%（復興特別所得税分）

確定申告で過不足を精算

　確定申告とは、1月1日から12月31日までの1年間の所得を確定させ、源泉徴収時に適用できなかった様々な控除を含めて本来納めるべき所得税額を算出し、申告することです。公的年金等にかかる所得税は、年末調整はできず、源泉徴収時に一部の所得控除や税額控除が適用されないため、確定申告により精算する必要があります。

　確定申告は、翌年の2月16日〜3月15日に行われ、還付のための申告は年明けから受け付けます。確定申告の詳細については、税務署発行の「確定申告の手引き」をご参照ください。

確定申告の必要がある人

・国と基金など、2ヵ所以上から年金を受けている人
　（公的年金等の収入金額が400万円以下、かつ他の所得金額が20万円以下の場合は不要）
・1ヵ所から給与を受けており、給与所得及び退職所得以外の所得金額の合計が20万円を超える人　など

> **さかのぼって過去分の年金を受給した場合**
> さかのぼって受け取った過去分の老齢（退職）年金は、実際に受け取った年ではなく、本来受給するそれぞれの年（過去の年）の分の収入金額となります。

確定申告で還付が受けられる人

・源泉徴収において、控除を受けなかった生命保険料控除・社会保険料控除などを受けようとする人
・雑損控除や医療費控除を受けようとする人
・扶養親族等申告書を提出しなかったため、源泉徴収の所得税を納めすぎている人　など

確定申告に必要なもの

・生命保険料控除証明書、医療費控除の明細書　など
※電子申告で添付を省略した書類については、入力内容などを確認するために、後日提示や提出を求められることがあります。そのため、5年間の保存が必要です。

公的年金等から徴収されるもの

　65歳以降の方の公的年金等から徴収されるものには、①所得税、②住民税、③介護保険料、④国民健康保険料（税）、⑤後期高齢者医療保険料の5種類があります。なお、公的年金のうち遺族年金や障害年金については、上記③〜⑤の各保険料は徴収されますが、上記①、②の税金は徴収されません。

■公的年金等から徴収される税金と社会保険料

年金から徴収されるもの		徴収対象の概要
税金	所得税	65歳未満は年額108万円、65歳以上は年額158万円（厚生年金基金などは80万円）を超える場合。（遺族・障害年金を除く）
	住民税	65歳以上で年金額が18万円以上あり、かつ介護保険料が控除されている場合。（遺族・障害年金を除く）
社会保険料	介護保険料	65歳以上で年金額が18万円以上ある場合。
	国民健康保険料（税）	65歳〜74歳までの人で構成される世帯で、世帯主の年金額が18万円以上あり、かつ国民健康保険料（税）と介護保険料の合計額が年金額の2分の1を超えない場合。（希望により口座振替の普通徴収に変更できる）
	後期高齢者医療保険料	75歳以上で年金額が18万円以上ある場合で、かつ後期高齢者医療保険料と介護保険料の合計額が年金額の2分の1を超えない場合。（希望により家族の口座振替の普通徴収に変更できる）

※65歳未満の給与所得者で公的年金等を受けている人については、公的年金所得と給与所得を合算して住民税が特別徴収されます。

※この「年金と税金」の記事については、市区町村によって取り扱いが異なる場合があります。具体的な内容につきましては、お住まいの市区町村にお問い合わせください。

事務担当者の主な年金の手続き

被保険者の資格取得の手続き

被保険者を使用することになったとき、事業主は、資格取得の日から5日以内に「被保険者資格取得届」を年金事務所（または厚生年金基金、健康保険組合）に提出します。被保険者となる人がすでに年金手帳等を持っている場合は、事業主が届書に基礎年金番号や氏名などが正しく記入されているかどうか年金手帳等と照合・確認することにより、年金手帳等の添付は不要となります。なお、平成21年10月より、「適用関係届書受付票」の添付は原則不要となりました。年金事務所では、届出事項を登録処理した後に、その内容を印字したものを決定通知書等として、後日郵送しています。

※被保険者となる人の基礎年金番号を確認できない場合、写真付きの身分証明書（運転免許証等）で本人確認をする必要があります。
※外国籍の方の厚生年金保険被保険者資格取得届等を提出する際には、「ローマ字氏名届」の提出が必要です。

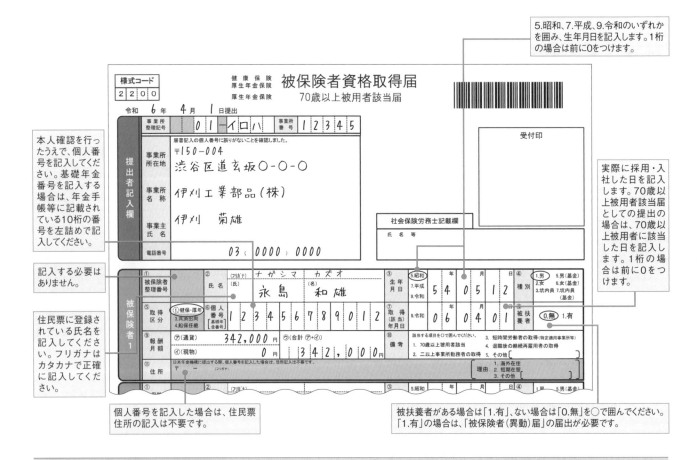

本人確認を行ったうえで、個人番号を記入してください。基礎年金番号を記入する場合は、年金手帳等に記載されている10桁の番号を左詰めで記入してください。

記入する必要はありません。

住民票に登録されている氏名を記入してください。フリガナはカタカナで正確に記入してください。

5.昭和、7.平成、9.令和のいずれかを囲み、生年月日を記入します。1桁の場合は前に0をつけます。

実際に採用・入社した日を記入します。70歳以上被用者該当届としての提出の場合は、70歳以上被用者に該当した日を記入します。1桁の場合は前に0をつけます。

個人番号を記入した場合は、住民票住所の記入は不要です。

被扶養者がある場合は「1.有」、ない場合は「0.無」を○で囲んでください。「1.有」の場合は、「被保険者（異動）届」の届出が必要です。

定時決定と算定基礎届

被保険者が実際に受ける報酬と、すでに決められている標準報酬月額とが、大きくかけ離れないよう、毎年1回、事業所に使用される被保険者の報酬月額を届け出て、各被保険者の標準報酬月額を決定します。これを「定時決定」といい、その届出を「算定基礎届」といいます。

●定時決定（算定基礎届）の基礎となる月と決定対象月

定時決定は、毎年7月1日～10日の間に、その年の4、5、6月の報酬月額を届け出ることで各被保険者の標準報酬月額が決められ、その年の9月から翌年8月まで（または随時改定や育児休業等終了時改定などが行われるまで）の間、使用されます。平成23年4月より、定時決定の保険者算定に新たな要件が追加されています（13頁参照）。

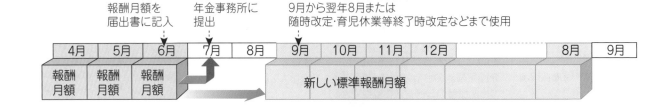

●算定基礎届の対象となる人、ならない人

算定基礎届は、5月31日までに被保険者の資格を取得した人で、7月1日現在、被保険者である人全員が対象となります。休職者や海外勤務者であっても、7月1日現在被保険者資格があれば対象者です。

ただし、次に該当する人は定時決定から除外され、算定基礎届の提出は不要です。

> ❶6月1日以降に被保険者の資格を取得した人
> ❷4月の固定的賃金の変動等により7月に標準報酬月額が随時改定される人、または育児休業等終了時改定が行われる人
> ❸5月または6月の固定的賃金の変動等により、8月または9月に標準報酬月額が随時改定される人、または育児休業等終了時改定が行われる人

※各都道府県で一部扱いが異なることがあります。

●報酬月額の算定方法と支払基礎日数

算定基礎届では、「その報酬が実際に支払われた日の属する月」を対象とします。翌月払いの会社の場合、3月分の給料であっても、実際に支払われた4月の欄に金額を記入します。報酬には、賃金、給料、諸手当など、労働者が労働の対償として受けるものを、原則としてすべて含めます。支払基礎日数については、月給制の場合、出勤日数に関係なく1ヵ月分の給与が支払われるため、支払対象期間の暦日数が支払基礎日数となります。例えば、4月21日～5月20日分の給料を5月25日に支払う場合、5月の支払基礎日数は、4月21日～5月20日の暦日数「30日」となります。なお、月給制でも欠勤日数分に応じ給料が差し引かれる場合は、就業規則、給与規程等に基づき、事業所が定めた日数から当該欠勤日数を控除した日数が支払基礎日数となります。日給制の場合は、給与支払いの対象となる出勤日数及び有給日数を記入します。

なお、支払基礎日数は17日以上（パートタイマー等は15日以上）あることが必要とされていますので、17日未満（パートタイマー等は15日未満）の月があれば、その月は報酬月額算定の対象から除外して平均額を出します。

※短時間労働者の支払基礎日数については13頁参照。

随時改定と月額変更届

昇給や降給などにより、被保険者の報酬の額に大幅な変動があったときは、実態とかけ離れた状態になるため、実際に受ける報酬と標準報酬月額との間に隔たりがないよう、定時決定を待たずに報酬月額の変更届を行います。これを「随時改定」といい、その届出を「月額変更届」といいます。

※改定月の初日から起算して60日以上遅延した届出の場合、ならびに標準報酬月額に5等級以上の降給があった場合は、月額変更届に別途添付書類が必要となる場合があります。

●月額変更届が必要となるとき

次の3つのすべてに該当したときは月額変更届が必要となります。

> ❶昇給や降給で固定的賃金※に変動があったとき
> ❷固定的賃金に変動のあった月以後の3ヵ月とも、支払基礎日数が17日以上あるとき
> ❸固定的賃金に変動のあった月から3ヵ月間の報酬の平均額と、現在の標準報酬月額に2等級以上の差があるとき
> ※固定的賃金とは、支給額や支給率が決まっているもので、基本給のほかに毎月決まって支給される家族手当や通勤手当、役付手当などがあります。

■早見表

報酬	固定的賃金	↑	↑	↓	↓	↑	↓
	非固定的賃金	↑	↓	↓	↑	↓	↑
3ヵ月の平均額 （2等級以上の差）		↑	↑	↓	↓	↑	↓
月額変更届の必要		あり	あり	あり	あり	✕	✕

↑…増額　↓…減額　※3ヵ月に支払基礎日数17日未満の月が1ヵ月でもあれば月額変更届は不要です。

●随時改定の時期と適用期間

随時改定の対象に該当した場合、変動した月（実際に変動した額が支払われた月）から4ヵ月目に新しい標準報酬月額に改定されます。新しい標準報酬月額は、1月～6月に改定が行われた場合はその年の8月まで、7月～12月に行われた場合は翌年の8月まで使用されます。なお、その間に再び固定的賃金の変動があれば、再度随時改定が行われます。

年間平均の保険者算定

業種によっては、通常の方法で算出した標準報酬月額と実際の標準報酬月額に差がある場合があるため、年間平均で標準報酬月額を算出することができます。

●保険者算定が認められる要件

①通常の方法で算出した標準報酬月額[1]と年間平均で算出した標準報酬月額[2]の間に2等級以上の差が生じた場合で、この差が例年発生することが見込まれる場合

②被保険者が年間平均で算出することを同意していること

従来、定時決定において上記の方法が行われてきましたが、平成30年10月から随時改定においても保険者算定が可能となる要件が追加されました（13頁参照）。　※1　定時決定においては4月～6月で算出。　※2　定時決定においては前年の7月～当年の6月で算出。

育児休業等（産前産後休業）終了時報酬月額変更届

　育児休業等を終了して復帰後の報酬が変動した場合、月額変更届を提出することで実際の報酬の低下等に応じた標準報酬月額に、すみやかに改定されます。

　平成26年4月より、産前産後休業を終了して復帰後の報酬が変動した場合にも同様の措置が設けられました。

●育児休業等終了時改定の方法

　育児休業等を終了して職場に復帰した被保険者が、3歳未満の子を養育している場合には、「健康保険・厚生年金保険育児休業等終了時報酬月額変更届」により申出をすれば、育児休業等の終了日の翌日の属する月以後3ヵ月間の報酬月額の平均によって標準報酬月額が改定されます。申出は事業所を経由して行います。

　改定された標準報酬月額は、育児休業等終了日の翌日が属する月から4ヵ月目から、その年の8月まで（育児休業等終了日の翌日が属する月から4ヵ月目が7月～12月の場合は翌年8月まで）適用されます。

　平成26年4月1日以降、産前産後休業を終了して職場に復帰した場合にも、上記と同様の取扱いとなります。

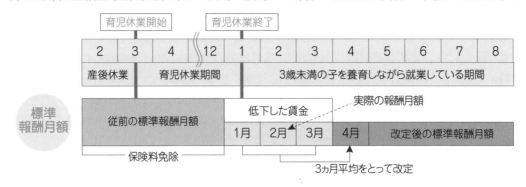

育児休業等に関するその他の届出

●育児休業等取得者申出書

　育児休業等を取得した被保険者は、「健康保険・厚生年金保険育児休業等取得者申出書（新規・延長）」を提出することで、育児休業等を開始した月から育児休業等を終了する月の前月（最長で子が3歳に達する前月）までの育児休業等期間、厚生年金保険料・健康保険料が免除されます。申出書は、「被保険者の養育する子が1歳に達するまでの育児休業」「当該子が1歳から1歳6ヵ月に達するまでの育児休業」「当該子が1歳6ヵ月から2歳に達するまでの育児休業」「1歳から3歳に達する日までの育児休業の制度に準ずる措置による休業」に分け、そのつど当該育児休業等期間中に年金事務所及び厚生年金基金、健康保険組合に提出します。平成17年4月1日前に1歳に達するまでの申出書を提出した方で、引き続き子が3歳になるまで休業する場合は、申請書を再度提出します。

●養育期間標準報酬月額特例申出書

　育児休業等の取得の有無にかかわらず、3歳未満の子を養育し、勤務時間の短縮等の措置を受けて働いている被保険者は、標準報酬月額が下がった場合、「厚生年金保険養育期間標準報酬月額特例申出書」を事業主を経由して、退職していれば自ら年金事務所に提出することで、養育を開始した月の前月の標準報酬月額により年金額が計算されます。

●産前産後休業取得者申出書

　平成26年4月30日以降に産前産後休業が終了する人については、「産前産後休業取得者申出書」を事業主が提出することにより、産前産後休業期間中の厚生年金保険料・健康保険料が免除されます。当該期間は保険料を納めたものとして扱われ、休業開始月の前月の標準報酬月額により年金額が計算されます。

賞与支払届

　賞与を支給した場合は、「被保険者賞与支払届」に被保険者ごとの標準賞与額を記入して、支給日から5日以内に年金事務所または健康保険組合に提出します。賞与支払予定月に賞与の支払いがなかった場合、「賞与不支給報告書」を提出します。

●標準賞与額

　3ヵ月を超える期間ごとに支払われる賞与等につき、1,000円未満を切り捨てた額（上限：健康保険は年度累計573万円、厚生年金保険は1ヵ月につき150万円）が標準賞与額となります。賞与等には、賞与、期末手当、決算手当など、労働

者が労働の対償として年3回以下支給されるものをいいます。年4回以上支給される賞与等は、標準報酬月額の対象となります。なお、厚生労働省通知が発出され、平成31年1月4日より、「通常の報酬」「賞与に係る報酬」「賞与」の区分について、取扱いが明確化されました。

被保険者の資格喪失の手続き

被保険者が退職したときや死亡したときは、被保険者の資格を喪失します。資格喪失の日から5日以内に「被保険者資格喪失届」を年金事務所(または厚生年金基金、健康保険組合)に提出します。資格喪失日は、退職または死亡した日の翌日になります(備考欄に退職または死亡した日などを記入します)。

被保険者の資格を喪失した月は、保険料は徴収しません。賞与にかかる保険料についても、資格喪失月に支給されたものについては保険料を徴収しません。

退職後継続再雇用の手続き

60歳以上の被保険者を退職後1日の空白もなく再雇用する場合は、使用関係がいったん中断したものとみなし、資格喪失届、資格取得届に退職日の確認ができる書類や、継続して再雇用されたことが分かる書類を添付して提出します。これにより在職老齢年金は、随時改定を待つことなく即時に再雇用後の総報酬月額相当額に基づき計算され、実態にあった額となります。(平成25年4月よりすべての「60歳以上の被保険者」について、上記の制度が適用されています。)

70歳になると、会社に勤めていても、厚生年金保険の資格を失い、健康保険だけの被保険者となりますので、「厚生年金保険被保険者資格喪失届」に資格喪失日(70歳の誕生日の前日)を記入して年金事務所に提出します。70歳到達日以前から70歳到達日以降に同じ会社に勤めており、標準報酬月額相当額等が変動しない場合、70歳到達届の提出は不要です。

●65歳以上の厚生年金保険の被保険者

65歳以上の厚生年金保険の被保険者は、老齢基礎年金等の受給権があれば、国民年金の第2号被保険者となりません。そのため、65歳に達し第2号被保険者でなくなったとき、その被扶養配偶者が第3号被保険者だった場合は、第1号被保険者に種別変更となりますので、市区町村へご自身で届出をし、国民年金保険料を納めなばなりません。なお、高齢任意加入被保険者等の被扶養配偶者で60歳未満の人は、引き続き第3号被保険者となります。

70歳以上の在職者の報酬等の届出

平成19年4月から、70歳以上の在職者に、従来の60歳代後半の在職老齢年金制度が適用されています(平成27年10月以降、昭和12年4月1日以前生まれの70歳以上の方も適用)。70歳以上の在職者は、厚生年金保険の被保険者とならないため、事業主は、70歳以上の人を新たに雇用したときに70歳以上の人用の届出をします。なお、70歳以上被用者の一部の届書が70歳未満の方の届書と統合されています。70歳以上の被用者の届出は、次のすべてに該当する方について行います。

❶厚生年金保険適用事業所に勤務している勤務日数・勤務時間がそれぞれ一般従業員のおおむね4分の3以上の方
❷過去に厚生年金保険の被保険者期間がある方 (89頁参照)

●対象者を新たに雇用したとき

→「資格取得届/70歳以上被用者該当届」「資格喪失届/70歳以上被用者不該当届」

※新たに雇用したときは健康保険の資格取得届も同時に提出します。70歳に到達し引き続き同一事業所に雇用され、70歳到達前後の標準報酬月額相当額等が同額である場合は提出する必要はありません。また、70歳を過ぎて退職するときは、不該当届と健康保険の資格喪失届を提出します。この場合、厚生年金保険の被用者(在職者)が退職または死亡した場合の不該当年月日は、退職した日または死亡した日を記入してください。

●対象者の人の報酬・賞与関係の届出として

→「70歳以上被用者 算定基礎・月額変更・賞与支払届」

●対象者が育児休業等を終えて職場復帰し、報酬に変動があったとき

→「厚生年金保険 70歳以上被用者 育児休業等終了時報酬月額相当額変更届」

電子媒体による届出

事業主の届出のうち、大量または定期的に届出が必要な届書について、CD、DVDによる届出ができます。届書作成プログラムを日本年金機構のホームページからダウンロード（無償）した後、手順に従って提出用電子媒体を作成します。なお、提出用の電子媒体には、タイトル、年金事務所名などの必要事項を記入したラベルをケースに貼りつける必要があります。また、併せて総括票（収録した届書の種類、件数等）を添付して、年金事務所等に提出します。

●電子媒体による届出が可能な届書

❶ 被保険者資格取得届／70歳以上被用者該当届
❷ 被保険者資格喪失届／70歳以上被用者不該当届
❸ 被保険者報酬月額算定基礎届／70歳以上被用者算定基礎届
❹ 被保険者報酬月額変更届／70歳以上被用者月額変更届
❺ 被保険者賞与支払届／70歳以上被用者賞与支払届
❻ 被扶養者（異動）届／第3号被保険者関係届
❼ 第3号被保険者関係届

※❶～❺は健康保険・厚生年金保険、❻は協会けんぽ管掌健康保険の届出が対象で、第3号被保険者関係届については、扶養者（異動）届と同時に申請する場合のみ。電子申請による届出はすべて可能です。

●ターンアラウンドCDでさらに簡単

電子媒体による届出を行う事業主の方が年金事務所等に依頼した場合には、届出に必要な被保険者の氏名・生年月日・従前の標準報酬月額などの基本情報を収録したCD（ターンアラウンドCD）が、あらかじめ年金事務所等から提供されます。電子媒体による届書を作成する際に、これまで手作業で入力していた項目が大幅に減少し、届書作成がより簡単・便利になります。この方法をターンアラウンド方式といいます。なお、ターンアラウンドCDは届書作成プログラムでのみ、読み込み可能な形式となっています。算定基礎届をCDで提出した場合、その翌年以降は、毎年6月に算定基礎届提出用のターンアラウンドCDが送付されてきます。

電子申請による届出

電子申請による届出とは、年金事務所等の窓口で受け付けていた申請・届出の手続きを、インターネットを利用して行うものです。365日、24時間受け付けており、いつでも申請・届出が行えます。

電子申請は、日本年金機構の「届書作成プログラム」を利用する方法や総務省が運営する「e-Gov」を利用する方法などがあります。

電子申請には、GビズIDのアカウント（無料）または認証局が発行する電子証明書（有料）による認証が必要となります。GビズIDのアカウントでログインした場合は、社会保険手続きをする際の電子証明書は不要です。

GビズIDの取得方法

GビズIDは、1つのアカウントで様々な行政サービスにログインできる認証システムです。gBizIDプライムを取得するには申請書と印鑑証明書（個人事業主は印鑑登録証明書）を「GビズID運用センター」に送付します。

●gBizIDプライムの取得方法の流れ

① 事前に印鑑証明書（個人事業主は印鑑登録証明書）を取得する。
② GビズIDのホームページを開き、「gBizIDプライム作成」ボタンをクリックする。
③ 「gBizIDプライム申請書作成」画面で必要な項目を入力してプリントアウトし、手書き記載部分を記入・押印する。
④ 作成した「gBizIDプライム登録申請書」と印鑑証明書（個人事業主は印鑑登録証明書）をGビズID運用センターに送付する。
⑤ 申請に不備がなければ、原則2週間以内に承認のメールが届くので、メールに記載されているURLをクリックし、パスワードを設定したら手続き完了。

※「gBizIDメンバー」等については、日本年金機構のホームページ「電子申請・電子媒体申請」をご確認ください。

届書作成プログラムを利用した電子申請

日本年金機構のホームページから無料でダウンロードできる届書作成プログラムを利用して、届書データ（CSVファイル）を作成・申請することができます。

● 届書作成プログラムを利用した電子申請の流れ

① GビズIDのID・パスワードを取得
事前に認証のためのGビズIDのID・パスワードを取得する(前頁参照)。

② 届書作成プログラムのダウンロード
日本年金機構のホームページから届書作成プログラムをダウンロードする(無料)。

③ 届書の作成
届書作成プログラムを起動し、起動メニューの「届書の作成」をクリックし、届書の内容を入力して電子申請用ファイルを作成する。

④ 届書の申請
届書作成プログラムの「届書の申請・申請状況の照会」から、申請するファイルを選択して申請する。GビズIDのID・パスワードを入力して認証ができたら申請完了。

e-Govを利用した電子申請

e-Gov電子申請アプリケーションをインストールし、申請書を作成・申請することができます。e-Govのウェブページに申請情報を直接入力して一件ずつ申請を行う方法と、日本年金機構の届書作成プログラム等を利用して作成した届書データ(CVSデータ)を添付ファイルとして設定して申請を行う方法があります。

● e-Govを利用した電子申請の流れ(直接入力方式の場合)

① GビズIDのID・パスワードを取得
事前に認証のためのGビズIDのID・パスワードを取得する(前頁参照)。

② e-Gov電子申請アプリケーションをインストール
e-Govホームページからe-Gov電子申請アプリケーションをダウンロードし、インストールする。アプリケーションを起動してログインすると、マイページにアクセスできる。

③ 申請書の入力・申請
マイページから申請する手続きを選択し、入力画面で必要事項を入力し、提出ボタンをクリックする。
※申請時に電子署名が必要な場合があります。電子署名には認証局から発行された電子証明書が必要となります。

④ 処理状況等の確認
申請した手続きの事務処理状況は、マイページから確認できる。提出先機関からの通知等もマイページ上へ通知される。

⑤ 公文書取得
提出先機関による審査等の結果、申請が受理されると、公文書が発出されるので、マイページから公文書ファイルをダウンロードする。公文書の取得が終わると、手続き完了。
※手続きによっては、公文書発出が行われないものもあります。

特定の法人について電子申請が義務化されました

令和2年4月より、①資本金または出資金の額が1億円超の法人、②相互会社(保険業法)、③投資法人(投資信託及び投資法人に関する法律)、④特定目的会社(資産の流動化に関する法律)の法人の事業所が行う社会保険手続きの一部について、電子申請が義務化されました。

● 義務化された手続き
健康保険、厚生年金保険の
・被保険者報酬月額算定基礎届
・被保険者報酬月額変更届
・被保険者賞与支払届

■ 電子申請等にかかる手続きの問い合わせ等 ....

・日本年金機構電子申請・電子媒体申請照会窓口(ねんきん加入者ダイヤル)
TEL:0570-007-123 (IP電話等からは03-6837-2913へ)
受付時間 月～金曜日…午前8:30～午後7:00　第2土曜日…午前9:30～午後4:00 (土(第2を除く)・日・祝日、年末年始を除く)

・GビズID
TEL:0570-023-797 受付時間 午前9:00～午後5:00 (土・日・祝日、年末年始を除く)
ホームページ https://gbiz-id.go.jp

・e-Gov電子申請
TEL:050-3786-2225
受付時間 4月・6月・7月:月～金曜日…午前9:00～午後7:00　土・日・祝日…午前9:00～午後5:00
5月、8月～3月:月～金曜日…午前9:00～午後5:00 (土・日・祝日、年末年始は受付を休止)
ホームページ https://shinsei.e-gov.go.jp

厚生年金保険の適用

厚生年金保険に加入している事業所（適用事業所）に使用される人は、常用的使用関係にあると認められる場合、国籍や給与額、本人の意思、事業所での身分（嘱託、契約社員、パートタイマー等）、年金受給の有無などにかかわらず、すべての人が厚生年金保険の被保険者となります。

ただし、臨時に使用される人、勤務日数や時間が一般社員の4分の3未満の人などは、適用事業所で働いていても被保険者にならないケースがあります。

●法人の適用事業所に使用関係にある人の厚生年金保険の適用

■原則被保険者となる
・社長　・社員　　　　・外国人
・役員　・試用期間中

■適用が除外される
・短期間の労働の人　　・短い派遣期間の人
・70歳以上の人　　　・勤務日数や時間が通常の人の4分の3未満の人

短期間労働者と厚生年金保険の適用

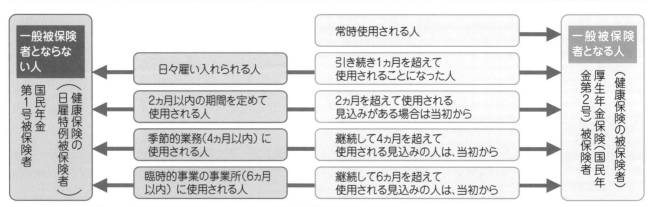

※なお、所在地が一定しない事業所に使用される人は、いかなる場合も被保険者とはなりません。

派遣労働者と厚生年金保険の適用

労働者派遣法による労働者派遣については、派遣労働者は派遣された先の事業主の指揮命令の下で就労しますが、給料の支払いや就業規則は派遣元が責任を負うため、雇用関係は派遣元事業主との間にあることになります。そのため、派遣労働者に被保険者資格がある場合、派遣元事業所において厚生年金保険に加入します。

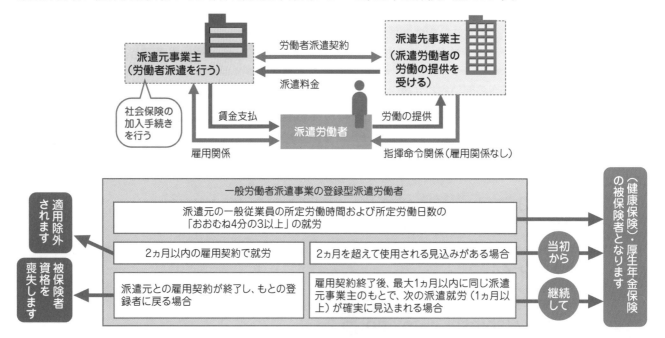

パートタイマーと厚生年金保険の適用

　パートタイマーの人の厚生年金保険の適用については、実態的・常用的使用関係にあるかどうかを総合的に勘案して判断されます。その1つの目安となるのが、就労している人の1週間の所定労働時間・1ヵ月の所定労働日数で、一般社員の4分の3以上であれば被保険者として取り扱います。具体的には、次にあげる①と②の両方に該当するときに常用的雇用関係にあると認められ、被保険者として取り扱われます。

❶労働時間が一般社員の4分の3以上の人

　1週間の所定労働時間がその事業所で同種の業務に従事する一般社員の所定労働時間の4分の3以上あれば、被保険者として取り扱われます。

❷労働日数が一般社員の4分の3以上の人

　1ヵ月の所定労働日数がその事業所で同種の業務に従事する一般社員の所定労働日数の4分の3以上あれば、被保険者として取り扱われます。

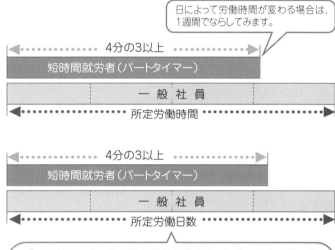

日によって労働時間が変わる場合は、1週間でならしてみます。

「一般社員の1ヵ月の所定労働日数」は、必ずしも実出勤日数を指しているのではありません。その事業所で同じような仕事をしている社員の労働日数を確認して、その4分の3以上の勤務をしていれば該当します。

■被保険者資格取得の経過措置

　平成28年10月1日以降、被保険者資格取得の取得基準が上記のように1週間の所定労働時間および1ヵ月の所定労働日数が一般社員の4分の3以上となりました。

　ただし、新たな基準を満たしていない場合でも、平成28年10月1日前から被保険者である方は、引き続き同じ事業所に雇用されている場合は被保険者となります。

■専業主婦のパートタイマー

　パートタイマーが会社員等の妻の場合は、所定労働時間等が一般社員の4分の3未満であれば厚生年金保険の被保険者にはならず（下記適用拡大の対象者を除く）、国民年金の被保険者になります。この場合、年収によって国民年金の被保険者種別が異なります。つまり、20歳以上60歳未満で年収が130万円以上であれば国民年金の第1号被保険者になり（国民健康保険の被保険者になる）、130万円未満であれば第3号被保険者になります（健康保険の被扶養者になる）。
※生計維持の条件を満たしている場合。

短時間労働者の社会保険への適用拡大

　パートタイマーなどの短時間労働者については、被用者でありながら被用者保険の恩恵が得られないことなどが問題にされてきました。平成16年の年金改正時に、5年をめどに短時間労働者の厚生年金保険の適用基準を見直すことが明記されましたが、実現には至りませんでした。

　平成24年8月に「年金機能強化法」が成立し、平成28年10月より短時間労働者の厚生年金保険、健康保険への加入要件が緩和されています。さらに平成29年4月より、適用範囲が拡大されています。

　令和2年5月に「年金制度機能強化法」の改正法が成立しました。右記❸については、令和4年10月に「勤務期間2ヵ月以上（2ヵ月以上見込まれる場合を含む）」へ見直し。右記❺の「従業員501人以上」については、令和4年10月に「100人超」になり、令和6年10月に「50人超」へ引き下げられます。

短時間労働者の適用基準

平成28年10月以降

以下のすべての基準を満たした場合、適用される。
❶週の所定労働時間が20時間以上
❷月額賃金8.8万円以上（年収106万円以上）
❸勤務期間1年以上（1年以上見込まれる場合を含む）
❹学生は適用除外
❺従業員501人以上の企業等（特定適用事業所）が対象
※国に属する全ての事業所も適用。

平成29年4月以降

上記❶～❹の条件を満たした場合、労使の合意に基づき任意で短時間労働者の適用が可能となる。地方公共団体は規模にかかわらず適用とされる。

社会保障協定

社会保障協定とは

　日本では、原則として日本に居住する20歳以上60歳未満の人は国民年金に、厚生年金保険の適用事業所で働く場合は70歳に達するまで厚生年金保険にも加入します。医療保険や雇用保険、労災保険などにも加入します。

　一方、日本の企業に所属し、海外に派遣されるような場合、現地においてもその国のルールに従い、社会保険制度に加入することとなります。

　こうした場合、日本と派遣国、両国の社会保険制度に加入しなければならない「二重加入の問題」がありました。そして、海外で加入した年金制度の加入期間が短いと、その国の受給資格期間を満たせず給付を受けられないという「保険料掛け捨ての問題」がありました。

　これらの問題を解消するために取り入れられたのが「社会保障協定」です。二重加入にならないように、どちらかの国の制度への加入を免除したり、保険料が掛け捨てにならないように、両国で加入期間を通算できるようにするなどした取り決めです。

　社会保障協定は、日本とドイツ、イギリス、韓国など23ヵ国との間で締結されており、また、オーストリアとの間で署名済（発効準備中）です（令和6年4月現在）。

■各国との社会保障協定発効状況

協定を結んでいる国	ドイツ　イギリス　韓国　アメリカ　ベルギー　フランス　カナダ　オーストラリア　オランダ　チェコ　スペイン　アイルランド　ブラジル　スイス　ハンガリー　インド　ルクセンブルク　フィリピン　スロバキア　中国　フィンランド　スウェーデン　イタリア
署名済（発効準備中）	オーストリア

二重加入の防止について

　日本の企業に所属しながら協定相手国に派遣された場合、「5年を超えると見込まれる長期派遣」（現地採用を含む）の場合は、協定相手国の社会保障制度に加入し、日本の社会保障制度加入は免除されます。

　「5年を超えない見込みで派遣される場合」は、引き続き日本の社会保障制度のみに加入し、協定相手国の社会保障制度加入が免除されます。

　また、「5年を超えない見込みで派遣され、予見できない事情により5年を超える場合」は、原則協定相手国の社会保障制度に加入しますが、両国の合意が得られた場合は、日本の社会保障制度に加入します。どれぐらいの期間免除を延長できるかは、協定相手国により異なります。

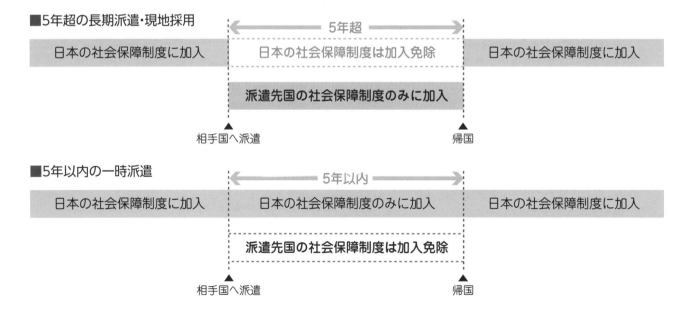

■5年超の長期派遣・現地採用

■5年以内の一時派遣

<table>
<tr><td colspan="2">■協定相手国の社会保障制度
　免除のための条件</td></tr>
</table>

■協定相手国の社会保障制度 免除のための条件	■就労状況・派遣期間と加入する社会保障制度

■協定相手国の社会保障制度
　免除のための条件
❶日本の社会保障制度に加入して
　いる
❷派遣期間中も日本の事業所との
　雇用関係が継続していること
❸派遣期間が5年以内と見込まれ
　る場合であること

■就労状況・派遣期間と加入する社会保障制度

就労状況・派遣期間	加入する社会保障制度
5年以内と見込まれる一時派遣	日本の社会保障制度
上記派遣者の派遣期間が予見できない事情により5年を超える場合	原則、協定相手国の社会保障制度 両国の合意が得られた場合は、日本の社会保障制度（延長期間は国により異なる）
5年を超えると見込まれる長期派遣または相手国での現地採用	協定相手国の社会保障制度

●自営業者の場合

自営業者の場合も、一時的に協定相手国で自営活動を行うのであれば、引き続き日本の社会保障制度に加入することになります。長期的に協定相手国で自営活動を行う場合、また、日本で自営業をしていない人が協定相手国で初めて自営活動を行う場合は、協定相手国の社会保障制度に加入します。

■協定相手国の社会保障制度免除のための条件（自営業者）
❶協定相手国で就労期間中も日本の社会保障制度に加入していること
❷日本で従事していた自営活動を一時的に協定相手国で(同一の自営活動を)行うこと
❸協定相手国での就労期間が5年以内と見込まれること

●配偶者及び子の取り扱い

協定相手国に一時期的に派遣された人及び自営活動を行う人が、協定相手国の社会保障制度の加入が免除される場合、その人に生計を維持される配偶者及び子についても、引き続き日本の社会保障制度の被保険者または被扶養者として加入することになります。

一方、長期派遣や長期の自営活動により、協定相手国の社会保障制度に加入することになる場合、その人に生計を維持されている配偶者・子も、国民年金の第3号被保険者及び、健康保険の被扶養者の資格を失うことになります。

●厚生年金保険の特例加入制度

厚生年金保険の被保険者が日本の企業から協定相手国に5年を超えると見込まれる期間派遣されたり、一時派遣が満了した後も引き続き相手国で働くために、相手国の社会保障制度のみに加入し、日本の制度加入が免除された場合でも、日本の厚生年金保険に特例加入することができます。(平成24年3月1日より前はイギリスのみ、以降はすべての協定相手国)

●国民年金の任意加入制度

協定相手国の年金制度に加入することになった場合でも、日本国籍であれば日本の国民年金に任意加入することができます。

●協定発効時の経過措置

協定発効前にすでに派遣または自営活動をしていた場合、発効日以後も引き続きその状態が継続される場合には、発効日から派遣または自営活動を開始したとみなされ、発効日から5年以内に派遣（自営活動）が終了する見込みであれば、一時派遣者として協定相手国の社会保障制度加入が免除されます。

●社会保障制度加入についての主な協定相手国別の特例

➡ 93頁以降の国別ページを参照してください

〈 協定相手国の人が日本で働く場合 〉

協定相手国の人が、派遣元国の事業主により日本の支店などに派遣されて働く場合も、しくみは同様です。

短期派遣（5年以内と見込まれる一時派遣）の場合は派遣元の制度のみに加入し、長期派遣（5年超）及び現地採用の場合は日本の社会保障制度のみに加入します。また、予期せぬ理由で5年を超える場合は、両国の合意を条件に、引き続き派遣元の制度のみに加入します。日本制度の加入免除をどのくらいの期間延長できるかは、協定相手国により異なります（日本→協定相手国の場合と同じです。93頁以降の国別ページをご参照ください）。

※自営業者についても、派遣者と同様の考え方で取り扱われます。
※加入する制度について、国により特例がある場合があります。くわしくは日本年金機構のホームページをご参照いただくか、年金事務所等にお問い合わせください。

年金加入期間の通算（保険料掛け捨ての防止）

　日本の年金制度は、老齢年金を受けるためには原則10年の加入期間が必要ですが、海外の年金制度にも同様に、年金を受けるために必要な一定の期間要件が定められている場合があります。そのため、加入期間が短いために年金を受けられず、納めた保険料が掛け捨てになってしまう場合がありました。

　そのため、社会保障協定では、日本での年金加入期間も協定相手国の年金加入期間とみなして通算し、受給資格期間を満たすことで、協定相手国の年金が受けられるようになっています（通算の条件として最低加入期間等を定めている国もあります）。同様に、協定相手国の年金加入期間を、日本の受給資格期間を満たすために通算することもできます。ただし、イギリス、韓国、中国、イタリアについては年金加入期間を通算することはできません。

　加入期間の通算は、資格期間を満たすためのものであり、原則として年金額には反映されません。年金を受けるときには、それぞれの国の年金に加入した期間に応じた年金を受けることになります。

※協定相手国によっては、相手国の年金額計算に日本の加入期間が考慮される場合があります。詳細については、93頁以降の国別ページをご参照ください。

■加入期間の通算の例
（ドイツの加入期間3年、日本の加入期間2年の場合）

ドイツの加入期間 3年	
	日本の加入期間 2年

◀——— 年金加入期間を通算→両国の加入期間を5年として扱う ———▶

➡ ドイツの年金加入期間（3年）はドイツの老齢年金の期間要件（5年）を満たさないが、日本の年金加入期間を通算すると5年以上になるので、ドイツの老齢年金を受給できる。日本の年金加入期間もドイツの年金加入期間を通算して5年になる。

〈 協定相手国の人が加入期間を通算して、日本の年金を受給する場合 〉

　協定相手国の人が日本での年金加入期間がある場合、自国での加入期間を通算して、日本の受給資格期間を満たすことで、日本の年金を受給することができます。

●年金加入期間通算についての主な協定相手国別の特例 ➡ 次頁以降の国別ページをご参照ください

社会保障協定についての手続き（日本から派遣され協定相手国で働く人の場合）

●協定相手国制度の免除を受けるための手続き

　日本から派遣され一時的に協定相手国で働く人が、相手国の社会保障制度加入を免除されるためには、日本の社会保障制度に加入していることを証明する「適用証明書」の交付を受ける必要があります。交付の申請は、事業主が年金事務所に「適用証明書交付申請書」を提出します。派遣された被保険者は、相手国内の事業所に交付された適用証明書を提出します。また、規定により相手国の実施機関に適用証明書を提示または提出することが必要な場合もあります。

●協定相手国の制度のみに加入する場合の手続き

　協定相手国へ長期派遣される場合など、相手国の社会保障制度のみに加入する場合は、事業主が厚生年金保険（及び健康保険）の「資格喪失届」を年金事務所へ届け出る必要があります。この際、資格喪失届には、相手国制度に加入した旨がわかる書類を添付します。

●協定相手国の年金を受けるための手続き

　社会保障協定により、協定相手国の年金は、日本の年金事務所や年金相談センターからでも申請することができます。申請を行う場合は、相手国の年金請求書と必要な添付書類を、年金事務所または年金相談センターに提出します。書類は、日本年金機構を経由して、相手国の実施機関に送られます。日本での加入記録は、日本年金機構が確認のうえ、相手国に報告するしくみになっています。

　協定相手国居住者が相手国で請求を行う場合は、相手国の実施機関に相手国の年金請求書を提出してください。日本の年金加入期間を通算したい場合、その際に「保険期間確認申請書」を一緒に提出します。相手国実施機関は請求書をもとに、日本年金機構に申請者の日本での加入記録を照会します。

> **問い合わせ先** 社会保障協定についての申請手続きやお問い合わせは、年金事務所または
> ねんきんダイヤル（0570-05-1165、050で始まる電話の場合は03-6700-1165）まで

ドイツとの社会保障協定

日独社会保障協定
平成12年（2000年）2月発効

ドイツで働く場合に加入する社会保障制度

日本の企業に所属しながらドイツに派遣されて働く場合、右表のように、就労状況や派遣期間によって、どちらの国の社会保障制度に加入するかが異なります。日本、またはドイツの社会保障制度に加入した場合、もう一方の国の制度加入は免除されます。

	ドイツでの就労状況	加入する社会保障制度
日本の事業所からの派遣	5年以内（60暦月）と見込まれる一時派遣	日本の社会保障制度
	上記派遣者の派遣期間が予見できない事情により5年を超える場合	原則としてドイツの社会保障制度 ただし、両国の合意が得られた場合、日本の社会保障制度（最長8年まで）
	5年を超えると見込まれる長期派遣	5年以内は日本の社会保障制度、5年を超えるとドイツの社会保障制度
ドイツでの現地採用		ドイツの社会保障制度

●一時派遣期間の取扱い

日独社会保障協定では、当初5年を超えると見込まれる場合の派遣であっても派遣開始から5年までは、日本の年金制度にのみ加入し、ドイツの年金制度の加入が免除されます。

●相手国年金制度への任意加入制度

ドイツ年金制度の加入期間（保険料を納付した期間に限る）が5年以上ある日本人は、将来受けるドイツ年金の年金額を増額させることを目的として、日本に帰国後もドイツ年金制度に任意で加入することができます。

●海上航行船舶の乗組員の取扱い

一方の国を旗国とする海上航行船舶の乗組員として就労する人に関しては、いずれか一方の国の強制加入の法令のみが適用される場合は、その法令が適用されます。また、両国の強制加入の法令ともに適用される場合は、雇用者が所在する国かその人が通常居住する国の法令が適用されます。

両国の年金加入期間の通算

両国の年金制度に加入した場合、それぞれの国の年金を受けるためには、その国の受給資格期間（日本は原則10年）を満たす必要があります。社会保障協定では、受給資格期間を満たすために、互いの国の年金加入期間を通算できるようになっています。

加入期間の通算は、原則として受給資格期間を満たすためのものであり、年金額には反映されません。

対象となるドイツの年金制度及び受給資格期間は、右表のとおりです。

■ドイツの年金制度

給付の種類	受給資格期間
老齢年金	5年 （受給開始65歳7ヵ月～。2029年までに67歳に引上げ）
障害年金	5年の保険期間 かつ直近5年中3年間の保険料納付
遺族年金	5年

※表は概要です。受給開始年齢は2024年現在。
　詳細及び直近情報については相手国機関に照会してください。

●外国人脱退一時金の通算の取扱い

協定による特例により、ドイツの加入期間に日本の加入期間（厚生年金の被保険者期間など）を通算して、加入期間が6ヵ月以上ある場合、ドイツの外国人脱退一時金を請求することができます。ただし、この特例が適用されるのは、日本の加入期間が6ヵ月未満の人に限ります。

この場合、支給される額は、支給要件となる6ヵ月として、日本の年金制度に加入していた期間の期間比率を乗じて計算します。

イギリスとの社会保障協定

日英社会保障協定
平成13年(2001年)2月発効

イギリスで働く場合に加入する社会保障制度

日本の企業に所属しながらイギリスに派遣されて働く場合、右表のように、就労状況や派遣期間によって、どちらの国の社会保障制度に加入するかが異なります。日本、またはイギリスの社会保障制度に加入した場合、もう一方の国の制度加入は免除されます。

なお、イギリスとの社会保障協定では、両国の年金加入期間を通算することはできません。

イギリスでの就労状況		加入する社会保障制度
日本の事業所からの派遣	5年以内と見込まれる一時派遣	日本の社会保障制度
	上記派遣者の派遣期間が予見できない事情により5年を超える場合	原則としてイギリスの社会保障制度 ただし、両国の合意が得られた場合、日本の社会保障制度(最長8年まで)
	5年を超えると見込まれる長期派遣	イギリスの社会保障制度
イギリスでの現地採用		イギリスの社会保障制度

●海上航行船舶の乗組員の取扱い

海上航行船舶において船員として就労する人に対して両国の法令が適用される場合は、その人が通常居住する国の法令のみが適用されます。

韓国との社会保障協定

日韓社会保障協定
平成17年(2005年)4月発効

韓国で働く場合に加入する社会保障制度

日本の企業に所属しながら韓国に派遣されて働く場合、右表のように、就労状況や派遣期間によって、どちらの国の社会保障制度に加入するかが異なります。日本、または韓国の社会保障制度に加入した場合、もう一方の国の制度加入は免除されます。

なお、韓国との社会保障協定では、両国の年金加入期間を通算することはできません。

韓国での就労状況		加入する社会保障制度
日本の事業所からの派遣	5年以内と見込まれる一時派遣	日本の社会保障制度
	上記派遣者の派遣期間が予見できない事情により5年を超える場合	原則として韓国の社会保障制度 ただし、両国の合意が得られた場合、日本の社会保障制度(最長8年まで)
	5年を超えると見込まれる長期派遣	韓国の社会保障制度
韓国での現地採用		韓国の社会保障制度

●海上航行船舶の乗組員の取扱い

海上航行船舶において船員として就労する人に対して両国の法令が適用される場合は、その人が通常居住する国の法令のみが適用されます。

アメリカとの社会保障協定

日米社会保障協定
平成17年（2005年）10月発効

アメリカで働く場合に加入する社会保障制度

日本の企業に所属しながらアメリカに派遣されて働く場合、右表のように、就労状況や派遣期間によって、どちらの国の社会保障制度に加入するかが異なります。日本、またはアメリカの社会保障制度に加入した場合、もう一方の国の制度加入は免除されます。

アメリカでの就労状況・期間		加入する社会保障制度
日本の事業所からの派遣	5年以内と見込まれる一時派遣	日本の社会保障制度
	上記派遣者の派遣期間が予見できない事情により5年を超える場合	原則としてアメリカの社会保障制度 ただし、両国の合意が得られた場合、日本の社会保障制度（最長9年まで）
	5年を超えると見込まれる長期派遣	アメリカの社会保障制度
アメリカでの現地採用		アメリカの社会保障制度

●6ヵ月ルール

日本の企業からアメリカに派遣される場合、アメリカの社会保障制度の免除を受けるためには、アメリカに派遣される直前に、原則として6ヵ月以上継続して日本で就労または居住し、日本の社会保険制度に加入している必要があります。

●国際線航空機乗務員の取扱い

航空機の乗組員として就労する人について日米両国の制度が適用される場合は、航空会社本社がある国の制度のみを適用します。

●海上航行船舶の乗組員の取扱い

海上航行船舶の乗組員としての雇用について両国の法令が適用される場合、その雇用に関し、その人が通常居住する国の法令が適用されます。この場合、期間の定めはありません。

両国の年金加入期間の通算

両国の年金制度に加入した場合、それぞれの国の年金を受けるためには、その国の受給資格期間（日本は原則10年）を満たす必要があります。社会保障協定では、受給資格期間を満たすために、互いの国の年金加入期間を通算できるようになっています。

加入期間の通算は、原則として受給資格期間を満たすためのものであり、年金額には反映されません。

対象となるアメリカの年金制度及び受給資格期間は、右表のとおりです。加入期間を通算してアメリカの年金を受給するためには、アメリカでの加入期間が最低6クレジット（1年半）あることが条件になっています（1クレジット＝3ヵ月で換算）。

■アメリカの年金制度　　※1クレジット＝3ヵ月で換算

給付の種類	受給資格期間
老齢年金	40クレジット（10年）（受給開始66歳〜。2027年までに67歳へ引上げ）
家族年金	配偶者が40クレジット（10年）＊退職年金受給者に65歳（67歳へ引上げ中）以上の配偶者や18歳未満の子がいる場合等に退職年金の50%相当の加給額が受けられる。
障害年金	障害時の年齢に応じたクレジット数 最大40クレジット（10年）、毎年1クレジット
遺族年金	死亡時の年齢に応じたクレジット数 最大40クレジット（10年）、毎年1クレジット、子または子を養育する配偶者が受給する場合には死亡直前13四半期の間に6クレジット
死亡一時金	上記遺族年金と同様（死亡後2年以内に請求が必要）

※表は概要です。受給開始年齢は2024年現在。
詳細及び直近情報については相手国機関に照会してください。

※老齢年金の請求は受給権発生の3ヵ月前から可能です。時効は退職年金は6ヵ月、障害年金は12ヵ月となっています。

請求についての問い合わせ先　合衆国大使館領事部連邦年金課　TEL 03-3224-5000（代表）

ベルギーとの社会保障協定

日白社会保障協定
平成19年（2007年）1月発効

ベルギーで働く場合に加入する社会保障制度

日本の企業に所属しながらベルギーに派遣されて働く場合、右表のように、就労状況や派遣期間によって、どちらの国の社会保障制度に加入するかが異なります。日本、またはベルギーの社会保障制度に加入した場合、もう一方の国の制度加入は免除されます。

ベルギーでの就労状況		加入する社会保障制度
日本の事業所からの派遣	5年以内と見込まれる一時派遣	日本の社会保障制度
	上記派遣者の派遣期間が予見できない事情により5年を超える場合	原則としてベルギーの社会保障制度 ただし、両国の合意が得られた場合、日本の社会保障制度（最長7年まで）
	5年を超えると見込まれる長期派遣	ベルギーの社会保障制度
ベルギーでの現地採用		ベルギーの社会保障制度

●自営業者の保険料算定に係る特例措置

日本で被用者として就労する人が同時にベルギーで自営業者として就労する場合には、ベルギーの領域内において被用者とみなします。

●国際線航空機乗務員の取扱い

国際運輸に従事する航空で乗組員として就業する人は、その雇用者の所在する国の強制加入である法令のみが適用されます。

●海上航行船舶の乗組員の取扱い

海上航行船舶の乗組員として就労する人に関しては、その雇用者の所在する国の強制加入である法令のみが適用されます。

両国の年金加入期間の通算

両国の年金制度に加入した場合、それぞれの国の年金を受けるためには、その国の受給資格期間（日本は原則10年）を満たす必要があります。社会保障協定では、受給資格期間を満たすために、互いの国の年金加入期間を通算できるようになっています。

加入期間の通算は、原則として受給資格期間を満たすためのものであり、年金額には反映されません。

対象となるベルギーの年金制度及び受給資格期間は、右表のとおりです。

■ベルギーの年金制度

給付の種類	受給資格期間
老齢年金	なし（受給開始65歳〜。2025年に66歳、2030年に67歳へ引上げ） ただし60歳から受給する場合は42年必要
障害年金	障害発生前直近12ヵ月に180日（短期労働者は800時間）の保険期間
遺族年金	なし

※表は概要です。受給開始年齢は2024年現在。
詳細及び直近情報については相手国機関に照会してください。

ベルギーの老齢年金には受給資格年数がないため、日本の年金加入期間を通算しなくてもベルギーの年金を受けられます。ただし、早期退職年金（60歳から受ける年金）の受給資格期間42年には、日本の加入期間を通算することができます。

ベルギーの加入期間を日本の加入期間に通算する際は、ベルギーの第1〜4四半期をそれぞれ日本の3ヵ月に換算します。

●協定に基づくベルギー年金額の計算の特例

ベルギーの老齢年金及び遺族年金の給付額は、次の2通りの方法で計算を行い、協定の適用による計算方法の額が高い場合は、協定を適用してベルギー年金が支給されます。
①協定の適用によらない計算方法:ベルギー期間のみに基づいて決定される。
②協定の適用による計算方法:ベルギーと日本の加入期間を通算した期間に基づいて決定される。

フランスとの社会保障協定

フランスで働く場合に加入する社会保障制度

日本の企業に所属しながらフランスに派遣されて働く場合、右表のように、就労状況や派遣期間によって、どちらの国の社会保障制度に加入するかが異なります。日本、またはフランスの社会保障制度に加入した場合、もう一方の国の制度加入は免除されます。

フランスでの就労状況		加入する社会保障制度
日本の事業所からの派遣	5年以内と見込まれる一時派遣	日本の社会保障制度
	上記派遣者の派遣期間が予見できない事情により5年を超える場合	原則として延長は認められず、フランスの社会保障制度。ただし、事情によって両国の合意が得られた場合、日本の社会保障制度(最長6年まで)
	5年を超えると見込まれる長期派遣	フランスの社会保障制度
フランスでの現地採用		フランスの社会保障制度

●労働災害に対する保険の加入及び随伴被扶養者の事業主確認

日本からフランスへ一時派遣される人が、フランスの社会保障制度加入を免除されるためには、日本の労働者災害補償保険の海外派遣者の特別加入制度、またはこれに準ずる保険に加入している必要があります。派遣する事業主は加入を確認し、適用証明書申請の際に「事業主確認用紙」を提出する必要があります。また、一時派遣される人が被扶養配偶者または子を随伴する場合も、事業主は「事業主確認用紙」を提出する必要があります。

●1年インターバルルール

日本からフランスへの派遣が2回目以降の場合は、直近の一時派遣によるフランスでの就労期間が終了した時点から次の一時派遣による就労期間が開始するまでの間に少なくとも1年が経過していることが必要です。

●海上航行船舶の乗組員の取扱い

フランスの旗を掲げる海上航行船舶において被用者として就労している者であって、日本の事業主から報酬を受けており、日本に住所を有している場合は、日本の社会保障制度に加入し、フランスの社会保障制度の加入が免除されます。

●年金給付のための生存証明書について

年金給付にはフランス年金局へ生存証明書の提出が求められます。2020年より、日本在住の年金受給者は日本の住民票が生存証明書として認められるようになりました。最新の住民票(翻訳書は不要)・フランス年金局から送付された生存証明書用紙(本人がサインしたもの)を直接送付して申請します。

両国の年金加入期間の通算

両国の年金制度に加入した場合、それぞれの国の年金を受けるためには、その国の受給資格期間(日本は原則10年)を満たす必要があります。社会保障協定では、受給資格期間を満たすために、互いの国の年金加入期間を通算できるようになっています。加入期間の通算は、原則として受給資格期間を満たすためのものであり、年金額には反映されません。

対象となるフランスの年金制度及び受給資格期間は、右表のとおりです。フランスの老齢年金及び遺族年金には受給資格年数がないため、日本の年金加入期間を通算しなくてもフランスの年金を受けられます。障害年金及び一部の特別制度(国鉄、電気ガス公社など)の支給要件である1年には、日本の加入期間を通算することができます。

フランスの加入期間を日本の加入期間に通算する際は、フランスの四半期を日本の3ヵ月に換算します。

■フランスの年金制度

給付の種類	受給資格期間
老齢年金	なし(受給開始62歳、満額支給開始年齢は67歳)
障害年金	最低1年以上
遺族年金	なし

※表は概要です。受給開始年齢は2024年現在。詳細及び直近情報については相手国機関に照会してください。

●フランス年金の計算方法

フランスの老齢年金及び遺族年金の給付額は、次の2通りの方法で計算を行い、協定の適用による計算方法の額が高い場合は、協定を適用してフランス年金が支給されます。

①協定の適用によらない計算方法:フランス期間のみに基づいて決定される。

②協定の適用による計算方法:フランスと日本の期間の合計期間に基づいて決定される。

カナダとの社会保障協定

日・カナダ社会保障協定
平成20年（2008年）3月発効

カナダで働く場合に加入する社会保障制度

日本の企業に所属しながらカナダに派遣されて働く場合、右表のように、就労状況や派遣期間によって、どちらの国の社会保障制度に加入するかが異なります。日本、またはカナダの社会保障制度に加入した場合、もう一方の国の制度加入は免除されます。

なお、カナダとの社会保障協定は老齢保障制度（OAS）及びカナダ年金制度（CPP）の2つの制度が対象

カナダでの就労状況		加入する社会保障制度
日本の事業所からの派遣	5年以内と見込まれる一時派遣	日本の社会保障制度
	上記派遣者の派遣期間が予見できない事情により5年を超える場合	原則としてカナダの社会保障制度 ただし、両国の合意が得られた場合、日本の社会保障制度（最長8年まで）
	5年を超えると見込まれる長期派遣	カナダの社会保障制度
カナダでの現地採用		カナダの社会保障制度

です。ケベック州独自の年金制度（QPP）は社会保障協定の対象外です。

ただし、OASは税を財源としているため、二重加入防止の対象となるのはCPPのみです。

●6ヵ月ルール

日本の企業からカナダに派遣される場合、カナダ年金制度の加入免除を受けるためには、カナダに派遣される直前に、原則として6ヵ月以上継続して日本で就労、または居住し、日本の年金制度に加入していることが条件となります。

●海上航行船舶の乗組員の取扱い

海上航行船舶の乗組員として就労する場合、雇用主の所在地（国）の制度に加入します。

両国の年金加入期間の通算

両国の年金制度に加入した場合、それぞれの国の年金を受けるためには、その国の受給資格期間（日本は原則10年）を満たす必要があります。社会保障協定では、受給資格期間を満たすために、互いの国の年金加入期間を通算できるようになっています。

加入期間の通算は、原則として受給資格期間を満たすためのものであり、年金額には反映されません。

対象となるカナダの年金制度及び受給資格期間は、右表のとおりです。

最低1年間のOAS居住期間またはCPP加入期間があることを条件に、日本の年金加入期間をカナダ

■カナダの年金制度

給付の種類	受給資格期間
老齢年金	1年（受給開始65歳〜）
障害年金	障害の発生直前6年間のうち4年間 ただし、納付期間が25年以上ある場合は6年間のうち3年間
遺族年金	10年または18歳から死亡月までの期間の1/3の年数（最低3年）

※表は概要です。受給開始年齢は2024年現在。
詳細及び直近情報については相手国機関に照会してください。

の年金加入期間に通算することができます。ただし、カナダの期間と重複する期間は考慮されません。

CPPの退職年金には受給資格期間がないため、日本の年金加入期間を通算しなくても受給することができます。障害年金及び遺族年金の受給資格期間には通算が可能です。

カナダの年金加入期間を日本の年金加入期間に通算する際、通算できるのはCPP加入期間のみです。OASによるカナダ居住期間は通算できません。

●カナダの年金の受取方法

日本に在住している人は、①日本の住所地へ小切手の郵送による支払い（日本円またはカナダドル）、②カナダ国内の銀行口座への振り込みのいずれかで年金を受給できましたが、新たに③日本の金融機関口座への振り込みが可能になりました。希望する場合は、「海外振込申請書」の提出が必要です（入手はカナダ政府ホームページより）。

請求についての問い合わせ先 カナダ国内では地域のサービス・カナダ・センター（Service Canada Center）となります。日本国内にはカナダ年金についての照会先は設けられていません。

オーストラリアとの社会保障協定

日豪社会保障協定
平成21年（2009年）1月発効

オーストラリアで働く場合に加入する社会保障制度

日本の企業に所属しながらオーストラリアに派遣されて働く場合、右表のように、就労状況や派遣期間によって、どちらの国の社会保障制度に加入するかが異なります。日本、またはオーストラリアの社会保障制度に加入した場合、もう一方の国の制度加入は免除されます。

オーストラリアの年金制度は、税を財源とする社会保障制度と、保険料を財源とする退職年金保障制度があります。二重加入防止の対象となるのは退職年金保障制度のみで、税を財源とする社会保障制度は対象とはなりません。

オーストラリアでの就労状況		加入する社会保障制度
日本の事業所からの派遣	5年以内と見込まれる一時派遣	日本の社会保障制度
	上記派遣者の派遣期間が予見できない事情などにより5年を超える場合	原則としてオーストラリアの社会保障制度ただし、両国の合意が得られた場合、日本の社会保障制度（期間の定めなし）
	5年を超えると見込まれる長期派遣	5年以内は日本の社会保障制度 5年を超えるとオーストラリアの社会保障制度
オーストラリアでの現地採用		オーストラリアの社会保障制度

●一時派遣期間の取扱い

日豪社会保障協定では、当初5年を超えると見込まれる場合の派遣であっても派遣開始から5年までは、日本の年金制度にのみ加入し、オーストラリアの年金制度の加入が免除されます。

●自営業者の取扱い（対象外）

オーストラリアの退職年金保障制度は被用者のみを対象としており、自営業者としてオーストラリアで働く人は加入する必要がないため、二重加入の問題は生じません。

●海上航行船舶の乗組員の取扱い

海上航行船舶の乗組員として就労する場合、雇用者の所在地（国）の法令が適用されます。

両国の年金加入期間の通算

両国の年金制度に加入した場合、それぞれの国の年金を受けるためには、その国の受給資格期間（日本は原則10年）を満たす必要があります。社会保障協定では、受給資格期間を満たすために、互いの国の年金加入期間を通算できるようになっています。

加入期間の通算は、原則として受給資格期間を満たすためのものであり、年金額には反映されません。

対象となるオーストラリアの年金制度及び受給資格期間は、右表のとおりです。オーストラリアの年金制度

■オーストラリアの年金制度

給付の種類	受給資格期間
老齢年金（AP）	少なくとも連続した5年間を含む10年以上のオーストラリア国内居住（オーストラリア市民権、permanent visa保有者の居住に限る）（受給開始 65歳6ヵ月〜）

※表は概要です。受給開始年齢は2024年現在。
　詳細及び直近情報については相手国機関に照会してください。

のうち、加入期間通算の対象となるのは社会保障制度のうち老齢給付のみです。オーストラリア国外に居住している人が、日本の年金加入期間を通算する場合、オーストラリアの居住期間が少なくとも連続する6ヵ月を含む12ヵ月必要です。

オーストラリアの加入期間を日本の加入期間に通算する場合、オーストラリア国内での居住期間のうち、被用者または自営業者として就労していた期間（就労居住期間）を重複しない限りにおいて、通算することができます（老齢給付のみ）。

オランダとの社会保障協定

日蘭社会保障協定
平成21年（2009年）3月発効

オランダで働く場合に加入する社会保障制度

日本の企業に所属しながらオランダに派遣されて働く場合、右表のように、就労状況や派遣期間によって、どちらの国の社会保障制度に加入するかが異なります。日本、またはオランダの社会保障制度に加入した場合、もう一方の国の制度加入は免除されます。

オランダでの就労状況		加入する社会保障制度
日本の事業所からの派遣	5年以内と見込まれる一時派遣	日本の社会保障制度
	上記派遣者の派遣期間が予見できない事情などにより5年を超える場合	原則としてオランダの社会保障制度 ただし、両国の合意が得られた場合、日本の社会保障制度（最長6年まで）
	5年を超えると見込まれる長期派遣	オランダの社会保障制度
オランダでの現地採用		オランダの社会保障制度

●1年間インターバルルール

日本からオランダへの派遣が2回目以降の場合は、直近の一時派遣によるオランダでの就労期間が終了した時点から次の一時派遣による就労期間が開始するまでの間に少なくとも1年が経過していることが必要です。

一時派遣が認められるには、直近の一時派遣から1年以上経過していなくてはならない。

オランダへの一時派遣	←1年以上→	オランダへの一時派遣

●海上航行船舶の乗組員の取扱い

海上航行船舶において就労する人に関しては、その雇用者の所在する国の強制加入である法令のみが適用されます。

両国の年金加入期間の通算

両国の年金制度に加入した場合、それぞれの国の年金を受けるためには、その国の受給資格期間（日本は原則10年）を満たす必要があります。社会保障協定では、受給資格期間を満たすために、互いの国の年金加入期間を通算できるようになっています。

加入期間の通算は、原則として受給資格期間を満たすためのものであり、年金額には反映されません。

対象となるオランダの年金制度及び受給資格期間は、右表のとおりです。オランダの老齢給付には受給資格年数がないため、日本の年金加入期間を通算しなくてもオランダの年金を受けられます。障害給付と遺族給付の支給要件である1年には、日本の加入期間を通算することができます。

オランダの加入期間を日本の加入期間に通算する場合、オランダで被用者または、自営業者として就労していたなどの保険料を納付していた期間を、重複しない限りにおいて、通算することができます。オランダで保険期間と扱われる期間のうち、オランダでの居住のみに基づくものは、通算できません。

■オランダの年金制度

給付の種類	受給資格期間
老齢給付	なし（受給開始66歳〜。2022年までに67歳3ヵ月へ引上げ）
障害給付	1年（通算する場合のみ）
遺族給付	1年（通算する場合のみ）

※表は概要です。受給開始年齢は2022年現在。詳細及び直近情報については相手国機関に照会してください。

チェコとの社会保障協定

日・チェコ社会保障協定
平成21年（2009年）6月発効
平成30年（2018年）8月改定

チェコで働く場合に加入する社会保障制度

日本の企業に所属しながらチェコに派遣されて働く場合、右表のように、就労状況や派遣期間によって、どちらの国の社会保障制度に加入するかが異なります。日本、またはチェコの社会保障制度に加入した場合、もう一方の国の制度加入は免除されます。

チェコでの就労状況		加入する社会保障制度
日本の事業所からの派遣	5年以内と見込まれる一時派遣	日本の社会保障制度
	上記派遣者の派遣期間が予見できない事情により5年を超える場合	原則としてチェコの社会保障制度 ただし、両国の合意が得られた場合、日本の社会保障制度（最長8年まで）
	5年を超えると見込まれる長期派遣	チェコの社会保障制度
チェコでの現地採用		チェコの社会保障制度

●海上航行船舶の乗組員の取扱い

海上航行船舶の乗組員として就労する人に関しては、その雇用者の所在する国の強制加入である法令のみが適用されます。

●チェコ制度に加入する者の随伴配偶者・子について（健康保険制度）

チェコの健康保険制度に加入することができるのは、原則として、チェコ国民または永住権者のみです。ただし、社会保障協定により、日本から5年を超える見込みで長期派遣された人や、チェコで現地採用された人など、チェコの社会保障制度のみに加入する人に随伴する配偶者及び子についても、チェコの健康保険制度に加入します。

両国の年金加入期間の通算

両国の年金制度に加入した場合、それぞれの国の年金を受けるためには、その国の受給資格期間（日本は原則10年）を満たす必要があります。社会保障協定では、受給資格期間を満たすために、互いの国の年金加入期間を通算できるようになっています。

加入期間の通算は、原則として受給資格期間を満たすためのものであり、年金額には反映されません。

対象となるチェコの年金制度及び受給資格期間は、右表のとおりです。日本の加入期間を通算してチェコの年金を受給するためには、チェコでの加入期間が最低12ヵ月以上あることが条件となっています。

■チェコの年金制度

給付の種類	受給資格期間
老齢給付	35年 受給開始〔男性〕63歳2ヵ月〜 〔女性〕62歳8ヵ月〜 男性、女性とも2030年までに65歳、2044年までに67歳へ引き上げ
障害給付	年齢に応じ1〜5年、または10年
遺族給付	寡婦（父）年金：死亡時の受給権等の有無による（受給権がない場合でも労働災害による死亡の場合は、最低加入要件なし（労働災害）） 遺児年金：障害年金の最低加入期間の1/2、または、38歳以上の場合、直近10年間に1年または直近20年間に2年

※表は概要です。受給開始年齢は2024年現在。
詳細及び直近情報については相手国機関に照会してください。

■加入期間通算の例

チェコの加入期間15年に、日本の加入期間20年を通算して、チェコの受給資格期間35年を満たすことで、チェコの年金を受給できる。

チェコの加入期間　15年（最低1年以上が通算の条件）	日本の加入期間　20年

日本の加入期間　30年

●協定に基づくチェコ年金額の計算の特例

協定に基づき、チェコの年金額を計算する場合には、次のいずれか高い額を支給することとなります。

①チェコの加入期間のみに基づく計算により算出した額

②日本の加入期間及びチェコと協定を締結している他国の加入期間をチェコの加入期間とみなして計算を行い、その算定額をチェコの加入期間と比例按分した額

スペインとの社会保障協定

日・スペイン社会保障協定
平成22年（2010年）12月発効

スペインで働く場合に加入する社会保障制度

日本の企業に所属しながらスペインに派遣されて働く場合、右表のように、就労状況や派遣期間によって、どちらの国の社会保障制度に加入するかが異なります。日本、またはスペインの社会保障制度に加入した場合、もう一方の国の制度加入は免除されます。

スペインでの就労状況		加入する社会保障制度
日本の事業所からの派遣	5年以内と見込まれる一時派遣	日本の社会保障制度
	上記派遣者の派遣期間が予見できない事情により5年を超える場合	原則としてスペインの社会保障制度 ただし、両国の合意が得られた場合、日本の社会保障制度（最長8年まで）
	5年を超えると見込まれる長期派遣	スペインの社会保障制度
スペインでの現地採用		スペインの社会保障制度

●スペイン労災保険の取扱い

日本からスペインに一時的に派遣され、スペインの年金制度が免除された場合、スペインの他の社会保障制度（医療保険・雇用保険）も併せて免除されますが、スペインの労災保険制度には加入する必要があります。労災保険制度への加入手続きは、スペイン事業所（自営業者は本人）が行います。

●国際線航空機乗務員の取扱い

国際運輸に従事する航空において就労する被用者については、その雇用者の所在する国の強制加入である法令のみが適用されます。

●海上航行船舶の乗組員の取扱い

海上航行船舶において就労している場合、旗を掲げる国の社会保障制度が適用になりますが、被用者が他方国の事業所に雇用されている場合は、当該事業所の属する社会保障制度が適用されます。

両国の年金加入期間の通算

両国の年金制度に加入した場合、それぞれの国の年金を受けるためには、その国の受給資格期間（日本は原則10年）を満たす必要があります。社会保障協定では、受給資格期間を満たすために、互いの国の年金加入期間を通算できるようになっています。

加入期間の通算は、原則として受給資格期間を満たすためのものであり、年金額には反映されません。

対象となるスペインの年金制度及び受給資格期間は、右表のとおりです。日本の加入期間を通算してスペインの年金を受給するためには、スペインでの加入期間が最低1年間あることが条件となっています。また、スペインの障害または遺族給付については、日本の年金加入期間中に障害または死亡が生じた場合にも、給付を受けることができます。

■スペインの年金制度

給付の種類	受給資格期間
老齢給付	15年（直近15年間に2年以上の納付があること） （受給開始65歳6ヵ月〜。2027年までに67歳へ引上げ）
障害給付	年齢に応じ1/3〜1/5以上の保険期間
遺族給付	死亡時の受給権等の有無による（受給権がない場合、直近5年間に500日納付、または15年納付。死亡理由によっては最低加入期間なし）

※表は概要です。受給開始年齢は2024年現在。
詳細及び直近情報については相手国機関に照会してください。

●協定に基づくスペイン年金額の計算の特例

協定に基づきスペインの年金額を計算する場合には、次のいずれか高い額を支給することとなります。
①スペインの加入期間のみに基づく計算により算出した額
②日本の加入期間をスペインの加入期間とみなして計算を行い、その算定額をスペインの加入期間と比例按分した額

アイルランドとの社会保障協定

日・アイルランド社会保障協定
平成22年（2010年）12月発効

アイルランドで働く場合に加入する社会保障制度

日本の企業に所属しながらアイルランドに派遣されて働く場合、右表のように、就労状況や派遣期間によって、どちらの国の社会保障制度に加入するかが異なります。日本、またはアイルランドの社会保障制度に加入した場合、もう一方の国の制度加入は免除されます。

アイルランドでの就労状況		加入する社会保障制度
日本の事業所からの派遣	5年以内と見込まれる一時派遣	日本の社会保障制度
	上記派遣者の派遣期間が予見できない事情により5年を超える場合	原則としてアイルランドの社会保障制度ただし、両国の合意が得られた場合、日本の社会保障制度（最長8年まで）
	5年を超えると見込まれる長期派遣	アイルランドの社会保障制度
アイルランドでの現地採用		アイルランドの社会保障制度

●労災保険の取扱い

日本からアイルランドに一時派遣され、アイルランドの社会保障が免除される者については、両国の労災保険制度に適用されない状態になります。日本の労災保険制度の特別加入制度、または民間の労働災害に対する保険に加入することにより、労働災害に対する備えとなります。

●国際線航空機乗務員の取扱い

国際運輸に従事する航空において就労する被用者については、その雇用者の所在する国の強制加入である法令のみが適用されます。

●海上航行船舶の乗組員の取扱い

海上航行船舶において就労している場合、旗を掲げる国の社会保障制度が適用になりますが、当該被用者が他方国の事業所に雇用されている場合は、その者が一方国の居住者でない限り、当該事業所の属する社会保障制度が適用になります。

両国の年金加入期間の通算

両国の年金制度に加入した場合、それぞれの国の年金を受けるためには、その国の受給資格期間（日本は原則10年）を満たす必要があります。社会保障協定では、受給資格期間を満たすために、互いの国の年金加入期間を通算できるようになっています。

加入期間の通算は、原則として受給資格期間を満たすためのものであり、年金額には反映されません。

対象となるアイルランドの年金制度及び受給資格期間は、右表のとおりです。日本の加入期間を通算して、アイルランドの年金を受給するためには、アイルランドの加入期間が最低52週（約1年）あることが必要です。また、日本の1ヵ月の保険期間をアイルランドの4.33週として換算し、通算します。

■アイルランドの年金制度

給付の種類	受給資格期間
老齢給付	56歳までに加入歴があること、2012年4月6日以後に退職した場合は520週（10年）および年平均10週の納付済み期間があること（受給開始67歳〜。2028年までに68歳へ引上げ）
障害給付	260週かつ請求年度または前年度に48週
遺族給付	死亡した日または66歳に達した日のどちらか早いほうにおいて、直近3年または5年間の課税年度において260週の納付（年間平均39週以上の納付が必要）

※表は概要です。受給開始年齢は2024年現在。
　詳細及び直近情報については相手国機関に照会してください。

●協定に基づくアイルランド年金額の計算の特例

協定に基づきアイルランドの年金額を計算する場合には、日本の加入期間をアイルランドの加入期間とみなして計算を行い、その算定額をアイルランドの加入期間と比例按分します。

ブラジルとの社会保障協定

日・ブラジル社会保障協定
平成24年（2012年）3月発効

ブラジルで働く場合に加入する社会保障制度

日本の企業に所属しながらブラジルに派遣されて働く場合、右表のように、就労状況や派遣期間によって、どちらの国の社会保障制度に加入するかが異なります。日本、またはブラジルの社会保障制度に加入した場合、もう一方の国の制度加入は免除されます。

ブラジルでの就労状況		加入する社会保障制度
日本の事業所からの派遣	5年以内と見込まれる一時派遣	日本の社会保障制度
	上記派遣者の派遣期間が予見できない事情により5年を超える場合	原則としてブラジルの社会保障制度ただし、両国の合意が得られた場合、日本の社会保障制度（最長8年まで）
	5年を超えると見込まれる長期派遣	ブラジルの社会保障制度
ブラジルでの現地採用		ブラジルの社会保障制度

●1年インターバルルール

日本からブラジルへの派遣が2回目以降の場合は、直近の一時派遣によるブラジルでの就労期間が終了した時点から次の一時派遣による就労期間が開始するまでの間に少なくとも1年が経過していることが必要です。ただし、当初派遣日より5年以内の期間において、ブラジルから日本に一時帰国し、再度、当初の派遣と同じ理由でブラジルへ派遣される場合は本ルールの対象外となります。

●労災保険について

日本からブラジルに一時派遣され、ブラジルの社会保障が免除される者については、両国の労災保険制度に適用されない状態になります。日本の労災保険制度の特別加入制度、または民間の労働災害に対する保険に加入することにより労働災害に対する備えになります。

●海上航行船舶の乗組員の取扱い

海上航行船舶において就労している場合、旗を掲げる国の社会保障制度が適用になりますが、被用者が他方国の事業所に雇用されている場合は、事業所の属する国の社会保障制度が適用になります。

両国の年金加入期間の通算

両国の年金制度に加入した場合、それぞれの国の年金を受けるためには、その国の受給資格期間（日本は原則10年）を満たす必要があります。社会保障協定では、受給資格期間を満たすために、互いの国の年金加入期間を通算できるようになっています。

加入期間の通算は、原則として受給資格期間を満たすためのものであり、年金額には反映されません。

対象となるブラジルの年金制度及び受給資格期間は、右表のとおりです。

■ブラジルの年金制度

給付の種類	受給資格期間
老齢給付	15年 （1991年7月25日以降に初めて被保険者になった者） （受給開始〔男性〕65歳〜〔女性〕60歳〜）
障害給付	1年
遺族給付	なし

※表は概要です。受給開始年齢は2024年現在。
詳細及び直近情報については相手国機関に照会してください。

●協定に基づくブラジル年金額の計算の特例

協定に基づき、以下の要領にてブラジルの年金額を計算します。

①両国の加入期間をすべてブラジル加入期間であったとした場合に支給される理論上の給付額を計算します。

②上記の理論上の給付額を基礎として、両国の加入期間を合算した期間に対するブラジル加入期間の比率を用いて実際の給付額を計算します。ただし、合算した期間が、ブラジルの受給資格期間を超える場合は、受給資格期間と同一の期間とみなします。

スイスとの社会保障協定

日・スイス社会保障協定
平成24年（2012年）3月発効

スイスで働く場合に加入する社会保障制度

日本の企業に所属しながらスイスに派遣されて働く場合、右表のように、就労状況や派遣期間によって、どちらの国の社会保障制度に加入するかが異なります。日本、またはスイスの社会保障制度に加入した場合、もう一方の国の制度加入は免除されます。

	スイスでの就労状況	加入する社会保障制度
日本の事業所からの派遣	5年以内と見込まれる一時派遣	日本の社会保障制度
	上記派遣者の派遣期間が予見できない事情により5年を超える場合	原則としてスイスの社会保障制度 ただし、両国の合意が得られた場合、日本の社会保障制度（最長6年まで）
	5年を超えると見込まれる長期派遣	スイスの社会保障制度
スイスでの現地採用		スイスの社会保障制度

●スイス年金保険料の還付
協定発行前はスイス国外での年金受給ができなかったため、帰国後保険料を還付するしくみでしたが、協定発行後は支給要件を満たした時点における年金または一時金を支給する仕組みに移行されました。

●スイス疾病保険の適用免除
スイス疾病保険の適用免除のためには、適用証明書の写しをスイスの事業主が管轄する州の疾病保険当局に提出する必要があります。

●海上航行船舶の乗組員の取扱い
海上航行船舶において就労している場合、旗を掲げる国の社会保障制度が適用になりますが、被用者が他方の国の事業所に雇用されている場合は、その事業所の所在する国の社会保障制度が適用になります。

両国の年金加入期間の通算

両国の年金制度に加入した場合、それぞれの国の年金を受けるためには、その国の受給資格期間（日本は原則10年）を満たす必要があります。社会保障協定では、受給資格期間を満たすために、互いの国の年金加入期間を通算できるようになっています。

加入期間の通算は、原則として受給資格期間を満たすためのものであり、年金額には反映されません。

対象となるスイスの年金制度及び受給資格期間は、右表のとおりです。日本の加入期間を通算して、スイスの年金（障害年金）を受給するためには、スイスの加入期間が最低1年あることが必要です。スイスの老齢給付及び遺族給付は受給資格期間が1年であるため、上の条件を満たしていれば、加入期間を通算する必要はありません。

■スイスの年金制度

給付の種類	受給資格期間
老齢給付	1年 （受給開始〔男性〕65歳〜 〔女性〕64歳〜）
障害給付	3年
遺族給付	1年

※表は概要です。受給開始年齢は2024年現在。
詳細及び直近情報については相手国機関に照会してください。

●スイス年金の一時金
スイスの国外に居住し、スイスの年金を申請した場合、スイスの年金が少額（スイス年金制度における通常完全年金の10%以下）で決定された場合は、年金ではなく一時金として支給されます。

また、通常完全年金の10%を超えて20%以下の場合は、年金か一時金かどちらかの支給を選択することになります。この場合、スイス年金申請後に、スイスの担当機関から申請者に連絡が入ることになっています。

なお、一度一時金として支払われた期間に関しては、再度年金として申請することはできません。

ハンガリーとの社会保障協定

日・ハンガリー社会保障協定
平成26年（2014年）1月発効

ハンガリーで働く場合に加入する社会保障制度

日本の企業に所属しながらハンガリーに派遣されて働く場合、右表のように、就労状況や派遣期間によって、どちらの国の社会保障制度に加入するかが異なります。日本、またはハンガリーの社会保障制度に加入した場合、もう一方の国の制度加入は免除されます。

ハンガリーでの就労状況		加入する社会保障制度
日本の事業所からの派遣	5年以内と見込まれる一時派遣	日本の社会保障制度
	上記派遣者の派遣期間が予見できない事情により当初の派遣期間を超える場合	両国の合意が得られた場合、日本の社会保障制度（最長6年まで）※派遣期間の延長は1回限り（総派遣期間が5年を超えるか否かに関わらない）
	5年を超えると見込まれる長期派遣	ハンガリーの社会保障制度
ハンガリーでの現地採用		ハンガリーの社会保障制度

●一時就労期間の延長

予見できない事情などにより、当初の派遣期間を超えて延長を希望する場合は、当初の期間と延長期間の合計が6年を超えないことを条件に、両国の合意が得られた場合、引き続き日本の制度のみに加入することができます。

延長期間を含めた総派遣期間が5年以内であっても（例：当初2年で1年の延長）上記の扱いは同様で、総派遣期間が5年を超えるか否かに関わらず、延長は1回限りしか認められません。

●労災保険の取扱い

日本からハンガリーに一時派遣され、日本の社会保障制度のみが適用される者については、両国の労災保険制度に適用されない状態になります。日本の労災保険制度の特別加入制度、または民間の労働災害に対する保険に加入することにより、労働災害に対する備えとなります。

●国際線航空機乗務員の取扱い

国際運輸に従事する航空機において就労する被用者については、その雇用者の所在する国の強制加入である法令のみが適用されます。

両国の年金加入期間の通算

両国の年金制度に加入した場合、それぞれの国の年金を受けるためには、その国の受給資格期間（日本は原則10年）を満たす必要があります。社会保障協定では、受給資格期間を満たすために、互いの国の年金加入期間を通算できるようになっています。

加入期間の通算は、原則として資格期間を満たすためのものであり、年金額には反映されません。

対象となるハンガリーの年金制度及び資格期間は、右表のとおりです。日本の加入期間を通算して、ハンガリーの年金を受給するためには、ハンガリーの加入期間が1年以上あることが必要です。

■ハンガリーの年金制度

給付の種類	受給資格期間
老齢給付	15年（63歳6ヵ月〜）※2022年に65歳到達するまで年に6ヵ月ずつ引き上げ予定 20年（62歳〜）（1952年1月1日以前生まれの者）
遺族給付	死亡時の受給権等の有無による

※表は概要です。受給開始年齢は2022年現在。詳細及び直近情報については相手国機関に照会してください。

●障害年金について

障害年金については、受給要件を満たすために加入期間を通算することはできません。よって、長期にハンガリーへ派遣される場合など、ハンガリーの制度のみに加入する場合は、ハンガリーの制度にもとづく保障の対象にはなりますが、日本の障害年金の対象にはなりません。国民年金または厚生年金に任意で加入することにより、日本の障害年金の対象となることができます。

インドとの社会保障協定

日・インド社会保障協定
平成28年(2016年)10月発効

インドで働く場合に加入する社会保障制度

　日本の企業に所属しながらインドに派遣されて働く場合、下表のように、就労状況や派遣期間によって、どちらの国の社会保障制度に加入するかが異なります。日本、またはインドの社会保障制度に加入した場合、もう一方の国の制度加入は免除されます。

　インド側の年金制度としては、被用者年金(EPS)と被用者積立基金(EPF)が対象となります。

　このうちEPFは、退職時に一時金として給付を受ける制度のため、二重加入防止の対象となりますが、年金加入期間通算の対象とはなりません。

　なお、協定の対象となるインドの年金制度は、被用者のみを対象としているため、自営業者はこの協定の対象となりません。

インドでの就労状況		加入する社会保障制度
日本の事業所からの派遣	5年以内と見込まれる一時派遣	日本の社会保障制度
	上記派遣者の派遣期間が予見できない事情により当初の派遣期間を超える場合	両国の合意が得られた場合、日本の社会保障制度(最長8年まで)
	5年を超えると見込まれる長期派遣	インドの社会保障制度
インドでの現地採用		インドの社会保障制度

●一時派遣期間の延長について

　予見できない事情により5年を超えて派遣期間が延長される場合は、申請に基づいて、両国で個別に判断の上合意した場合、3年までは派遣先の年金制度加入が免除されます。

　また、派遣期間が8年を超える場合であっても、派遣者の収入が一定額を超えるためインドのEPSに加入できない場合は、申請に基づいて、両国で個別に判断の上合意した場合、引き続き日本の年金制度に加入します。

●海上航行船舶の乗組員の取扱い

　両国の社会保障制度の適用を受ける被用者が、一方の国の旗を掲げる海上航行船舶で就労している場合、掲げる旗の国の年金制度が適用になりますが、被用者が他方の国の事業所に雇用されている場合は、その事業所の所在する国の年金制度が適用になります。

●国際線航空乗組員の取扱い

　国際運輸に従事する航空機で就労する被用者は、その雇用者の所在する国の強制加入に関する法令のみを適用することとなります。

両国の年金加入期間の通算

　両国の年金制度に加入した場合、それぞれの国の年金を受けるためには、その国の受給資格期間(日本は原則10年)を満たす必要があります。社会保障協定では、受給資格期間を満たすために、互いの国の年金加入期間を通算できるようになっています。

　加入期間の通算は、原則として資格期間を満たすためのものであり、年金額には反映されません。

　対象となるインドの年金制度及び資格期間は、右表のとおりです。EPFは、退職時に一時金として給付を受ける制度のため、年金加入期間通算の対象とはなりません。

■インドの年金制度(EPS)

給付の種類	受給資格期間
老齢給付	10年(受給開始58歳〜)
障害給付	1ヵ月
遺族給付	1ヵ月

※表は概要です。受給開始年齢は2024年現在。詳細及び直近情報については相手国機関に照会してください。

●インド年金の加入期間要件への日本期間の通算

　インドのEPSの最低加入期間10年を満たさない場合、日本の年金加入期間を通算することができます。

　通算の結果、加入期間が10年に満たない場合は、定められた乗数によって計算された額が支給されます。

ルクセンブルクとの社会保障協定

日・ルクセンブルク社会保障協定
平成29年（2017年）8月発効

ルクセンブルクで働く場合に加入する社会保障制度

日本の企業に所属しながらルクセンブルクに派遣されて働く場合、右表のように、就労状況や派遣期間によって、どちらの国の社会保障制度に加入するかが異なります。日本、またはルクセンブルクの社会保障制度に加入した場合、もう一方の国の制度加入は免除されます。

	ルクセンブルクでの就労状況	加入する社会保障制度
日本の事業所からの派遣	5年以内と見込まれる一時派遣	日本の社会保障制度
	上記派遣者の派遣期間が予見できない事情により当初の派遣期間を超える場合	原則としてルクセンブルクの社会保障制度 ただし、個別の事情を考慮しごく短期間であれば日本の制度加入の延長が認められる場合あり。
	5年を超えると見込まれる長期派遣	ルクセンブルクの社会保障制度
ルクセンブルクでの現地採用		ルクセンブルクの社会保障制度

●一時派遣期間の延長について

5年を超える派遣（自営活動）期間の延長を認めることについて、この協定では特段定められていません。ただし、個別の事業を考慮しごく短期間であれば延長が例外的に認められることがありうるとされています。派遣期間の延長が認められるかは、ルクセンブルク社会保障大臣の個別の判断によるため、十分な期間をもって事前に申請する必要があります。

●海上航行船舶の乗組員の取扱い

いずれか一方の国の旗を掲げる海上航行船舶で船員として就労する人に対して両国の法令が適用されることになる場合、その人が通常居住する領域の属する国の法令のみを適用することとなります。この場合、期間の定めはありません。

●国際線航空乗組員の取扱い

国際運輸に従事する航空機で就労する被用者は、その雇用者の所在する国の強制加入に関する法令のみを適用することとなります。

●労災保険について

日本からルクセンブルクに一時派遣され、日本の社会保障制度のみが適用される者については、両国の労災保険制度に適用されない状態となります。日本の労災保険制度の特別加入制度、または民間の労働災害に対する保険に加入することにより、労働災害に対する備えとなります。

両国の年金加入期間の通算

両国の年金制度に加入した場合、それぞれの国の年金を受けるためには、その国の受給資格期間（日本は原則10年）を満たす必要があります。社会保障協定では、受給資格期間を満たすために、互いの国の年金加入期間を通算できるようになっています。

加入期間の通算は、原則として資格期間を満たすためのものであり、年金額には反映されません。

対象となるルクセンブルクの年金制度及び資格期間は、右表のとおりです。

■ルクセンブルクの年金制度

給付の種類	受給資格期間
老齢給付	10年（受給開始65歳〜）
遺族給付	死亡時の受給権等の有無による（受給権がない場合、死亡前の3年間に1年）
障害給付	障害発生前直近3年間に12ヵ月以上の保険料納付

※表は概要です。受給開始年齢は2024年現在。
詳細及び直近情報については相手国機関に照会してください。

●ルクセンブルク年金の調整について

ルクセンブルク年金は他の収入や社会保障制度からの給付額を考慮する制度であるため、日本の年金を受給している場合はルクセンブルク年金額の調整を受ける場合があります。ルクセンブルク年金の申請書に収入等を適切に記入する必要があります。

フィリピンとの社会保障協定

日・フィリピン社会保障協定
平成30年(2018年)8月発効

フィリピンで働く場合に加入する社会保障制度

日本の企業に所属しながらフィリピンに派遣されて働く場合、右表のように、就労状況や派遣期間によって、どちらの国の社会保障制度に加入するかが異なります。日本、またはフィリピンの社会保障制度に加入した場合、もう一方の国の制度加入は免除されます。

	フィリピンでの就労状況	加入する社会保障制度
日本の事業所からの派遣	5年以内と見込まれる一時派遣	日本の社会保障制度
	上記派遣者の派遣期間が予見できない事情により当初の派遣期間を超える場合	両国の合意が得られた場合、日本の社会保障制度(最長8年まで) 8年を超える場合でも、両国の合意が得られた場合、日本の社会保障制度
	5年を超えると見込まれる長期派遣	フィリピンの社会保障制度
フィリピンでの現地採用		フィリピンの社会保障制度

●一時派遣期間の延長について

予見できない事情により5年を超えて派遣期間が延長される場合は、申請に基づいて、両国で個別に判断の上合意した場合、3年までは派遣先の年金制度加入が免除されます。

また、派遣期間が8年を超える場合でも、申請に基づいて、両国で個別に判断の上合意した場合に日本の年金制度に継続して加入することができます。

●労災保険について

日本からフィリピンに一時派遣され、日本の社会保障制度のみが適用される場合は、両国の労災保険制度に適用されない状態となります。日本の労災保険制度の特別加入制度、または民間の労働災害に対する保険に加入することにより、労働災害に対する備えとなります。

●フィリピンの年金保険料の納付について

フィリピンの年金制度に適用される場合、加入期間は60歳までですが、60歳以降も被用者または自営業者として就労を継続する場合は、就労を終えるまで、または、65歳まで保険料を納める必要があります。

両国の年金加入期間の通算

両国の年金制度に加入した場合、それぞれの国の年金を受けるためには、その国の受給資格期間(日本は原則10年)を満たす必要があります。社会保障協定では、受給資格期間を満たすために、互いの国の年金加入期間を通算できるようになっています。

加入期間の通算は、原則として資格期間を満たすためのものであり、年金額には反映されません。

対象となるフィリピンの年金制度及び資格期間は、右表のとおりです。

■フィリピンの年金制度

給付の種類	受給資格期間
老齢給付	10年(受給開始60歳〜)
障害給付	障害発生前直近6ヵ月間に1ヵ月の納付

※表は概要です。受給開始年齢は2024年現在。
　詳細及び直近情報については相手国機関に照会してください。

日本の年金加入期間を通算してフィリピンの年金の受給資格期間を満たせば、フィリピンの年金加入期間に応じた年金が支給されます。ただし、日本の加入期間を通算するには、フィリピンの加入期間が1年以上ある必要があります。

●フィリピンの年金の受取方法

フィリピンの年金については、フィリピン国内の金融機関で口座開設等の手続きを行うことにより、日本国内で受け取ることができます。

フィリピンの年金を日本国内で受け取るためには、CTBC All-Day Access Cardの登録が必要となります。詳細については、フィリピン社会保障機構(SSS)にお問い合わせください。

スロバキアとの社会保障協定

日・スロバキア社会保障協定
令和元年(2019年)7月発効

スロバキアで働く場合に加入する社会保障制度

日本の企業に所属しながらスロバキアに派遣されて働く場合、右表のように、就労状況や派遣期間によって、どちらの国の社会保障制度に加入するかが異なります。日本、またはスロバキアの社会保障制度に加入した場合、もう一方の国の制度加入は免除されます。日本側は年金制度のみ、スロバキア側は年金制度の他、年金制度と一体的に適用又は免除される疾病保険、雇用保険、労災保険、保証保険、リザーブファンド※が対象です。

スロバキアでの就労状況		加入する社会保障制度
日本の事業所からの派遣	5年以内と見込まれる一時派遣	日本の社会保障制度
	上記派遣者の派遣期間が予見できない事情により5年を超える場合	原則としてスロバキアの社会保障制度 ただし、両国の合意が得られた場合、日本の社会保障制度(最長8年まで)
	5年を超えると見込まれる長期派遣	5年以内は日本の社会保障制度、5年を超えるとスロバキアの社会保障制度
スロバキアでの現地採用		スロバキアの社会保障制度

※スロバキア制度の名称はスロバキア社会保険庁HPより引用

●スロバキア現地法人と雇用契約を締結した派遣者について

日本の派遣元事業主との雇用契約に加え、スロバキア国内の派遣先事業主とも雇用契約を締結している場合でも、日本の派遣元事業主の指揮の下にあるときは、派遣を開始した日から5年間は日本の制度のみが適用になります。日本の派遣元事業主のみと雇用契約を締結した被用者が、一時派遣を開始した後でスロバキア国内の派遣先企業とも雇用契約を締結した場合も、引き続き日本の制度のみが適用されます。この場合、スロバキアの制度の適用免除の期間は、最初にスロバキアに派遣された日を起算点として、5年の期間が満了する日までとなります。

●労災保険について

日本からスロバキアに一時派遣され、スロバキアの社会保障が免除される者については、両国の労災保険制度に適用されない状態になります。日本の労災保険制度の特別加入制度、または民間の労働災害に対する保険に加入することにより労働災害に対する備えになります。

●海上航行船舶の乗組員の取扱い

一方の締約国の旗を掲げる海上航行船舶で就労する被用者については、その雇用者が所在する国の年金制度が適用になります。また、自営業者の場合、その人が通常居住する国の法令のみが適用されます。

両国の年金加入期間の通算

両国の年金制度に加入した場合、それぞれの国の年金を受けるためには、その国の受給資格期間(日本は原則10年)を満たす必要があります。社会保障協定では、受給資格期間を満たすために、互いの国の年金加入期間を通算できるようになっています。

加入期間の通算は、原則として受給資格期間を満たすためのものであり、年金額には反映されません。

対象となるスロバキアの年金制度及び受給資格期間は、右表のとおりです。

■スロバキアの年金制度

給付の種類	受給資格期間
老齢給付	15年 (受給開始62歳139日〜 ※平均余命の伸長に基づいて段階的に引き上げ)
障害給付	年齢に応じて1年未満〜15年
遺族給付	死亡時の受給権等の有無による (労働災害等による死亡の場合は最低加入要件なし)

※表は概要です。受給開始年齢は2024年現在。
詳細及び直近情報については相手国機関に照会してください。

●スロバキアの年金の支給

スロバキアの年金は最長3年までさかのぼって支給されます。

●スロバキアの年金の受取方法

日本に在住している人は、日本国内の銀行口座によりスロバキアの年金を受け取ることができます。

中国との社会保障協定

日中社会保障協定
令和元年(2019年)9月発効

中国で働く場合に加入する社会保障制度

日本の企業に所属しながら中国に派遣されて働く場合、右表のように、就労状況や派遣期間によって、どちらの国の社会保障制度に加入するかが異なります。日本、または中国の社会保障制度に加入した場合、もう一方の国の制度加入は免除されます。

なお、中国との社会保障協定では、両国の年金加入期間を通算することはできません。

中国での就労状況		加入する社会保障制度
日本の事業所からの派遣	派遣開始から5年以内	日本の社会保障制度
	派遣開始から5年目以降	原則として中国の社会保障制度 ただし、両国の同意が得られた場合、日本の社会保障制度(最長10年までだが、特段の事情がある場合には両国の同意の下で引き続き延長も可能)
中国での現地採用		中国の社会保障制度

●派遣期間の取扱い
派遣期間の長さの「見込み」は必要なく、派遣開始日から5年間は派遣元国の年金制度のみに加入することになります。

●海上航行船舶の乗組員の取扱い
海上航行船舶で就労する被用者については、旗を掲げる国の年金制度が適用になります。ただし、その被用者が他方の国の領域内に通常居住する場合は、通常居住する国の年金制度が適用になります。この場合、期間の定めはありません。

●国際線航空機乗務員の取扱い
国際運輸に従事する航空機において就労する被用者については、その雇用者の所在する国の年金制度が適用されます。

●香港及びマカオの事業所に派遣される場合の取扱い
香港及びマカオには協定における中国側の対象制度である「被用者基本老齢保険」に関する法令が適用されないため、本協定の対象範囲ではありません。

イタリアとの社会保障協定

日伊社会保障協定
令和6年(2024年)4月発行

イタリアで働く場合に加入する社会保障制度

日本の企業に所属しながらイタリアに派遣されて働く場合、右表のように、就労状況や派遣期間によって、どちらの国の社会保障制度に加入するかが異なります。日本、またはイタリアの社会保障制度に加入した場合、もう一方の国の制度加入は免除されます。対象となるイタリアの年金制度は、被用者・自営業者制度、公務員・教員制度、ジャーナリスト基金制度、興業関係者基金制度となります。日本側は年金制度と雇用保険制度が対象です。

なお、イタリアとの社会保障協定では、両国の年金加入期間を通算することはできません。

イタリアでの就労状況		加入する社会保障制度
日本の事業所からの派遣	5年以内と見込まれる一時派遣	日本の社会保障制度
	上記派遣者の派遣期間が予見できない事情により5年を超える場合	原則としてイタリアの社会保障制度 ただし、両国の合意が得られた場合、日本の社会保障制度(期間の定めなし)
	5年を超えると見込まれる長期派遣	イタリアの社会保障制度
イタリアでの現地採用		イタリアの社会保障制度

●海上航行船舶の乗組員の取扱い
海上航行船舶において船員として就労する人に対して両国の法令が適用される場合は、その人が通常居住する国の法令のみが適用されます。

フィンランドとの社会保障協定

日・フィンランド社会保障協定
令和4年（2022年）2月発効

フィンランドで働く場合に加入する社会保障制度

日本の企業に所属しながらフィンランドに派遣されて働く場合、右表のように、就労状況や派遣期間によって、どちらの国の社会保障制度に加入するかが異なります。日本、またはフィンランドの社会保障制度に加入した場合、もう一方の国の制度加入は免除されます。

なお、フィンランドとの社会保障協定は、日本側は年金制度と雇用保険制度、フィンランド側は年金制度（所得比例年金）と失業保険が対象です。

フィンランドでの就労状況		加入する社会保障制度
日本の事業所からの派遣	5年以内と見込まれる一時派遣	日本の社会保障制度
	上記派遣者の派遣期間が予見できない事情により5年を超える場合	原則としてフィンランドの社会保障制度 ただし、両国の合意が得られた場合、日本の社会保障制度（最長8年まで）
	5年を超えると見込まれる長期派遣	フィンランドの社会保障制度
フィンランドでの現地採用		フィンランドの社会保障制度

●海上航行船舶の乗組員の取扱い

一方の締約国の旗を掲げる海上航行船舶で就労する被用者については、その雇用者が所在する国の法令のみが適用になります。

●国際線航空機乗務員の取り扱い

国際運輸に従事する航空において就労する被用者については、その雇用者の所在する国の法令のみが適用されます。

両国の年金加入期間の通算

両国の年金制度に加入した場合、それぞれの国の年金を受けるためには、その国の受給資格期間（日本は原則10年）を満たす必要があります。社会保障協定では、受給資格期間を満たすために、互いの国の年金加入期間を通算できるようになっています。

加入期間の通算は、原則として受給資格期間を満たすためのものであり、年金額には反映されません。

対象となるフィンランドの年金制度及び受給資格期間は、右表のとおりです。フィンランドの老齢年金および遺族年金には受給資格年数がないため、日本の年金加入期間を通算しなくてもフィンランドの年金を受けられます。

フィンランドの加入期間を日本の加入期間に通算する場合、フィンランドの年金加入期間の記録管理が2005年以降、月単位から年単位となったため、2005年以降の各暦年についてはフィンランドの1年の年金加入期間を日本の12ヵ月の年金加入期間として換算します。ただし、フィンランドの年金加入期間と日本の年金加入期間の総数は1暦年について12ヵ月を超えないものとなります。

■フィンランドの年金制度

給付の種類	受給資格期間
老齢給付	なし（所得比例年金） 受給開始64歳～ ※1958年生まれの場合 ※出生年に応じて63歳から65歳へ段階的に引き上げ
障害給付	なし ただし一部の障害年金については最低加入期間の要件あり（所得比例年金）
遺族給付	なし（所得比例年金）

※表は概要です。受給開始年齢は2022年現在。
詳細及び直近情報については相手国機関に照会してください。

●フィンランドの年金の支給

フィンランドの年金は最長3ヵ月（遺族・障害年金は6ヵ月）までさかのぼって支給されます。

●フィンランドの年金の受取方法

日本に在住している人は、日本国内の銀行口座によりフィンランドの年金を受け取ることができます。

スウェーデンとの社会保障協定

日・スウェーデン社会保障協定
令和4年（2022年）6月発効

スウェーデンで働く場合に加入する社会保障制度

日本の企業に所属しながらスウェーデンに派遣されて働く場合、右表のように、就労状況や派遣期間によって、どちらの国の社会保障制度に加入するかが異なります。日本、またはスウェーデンの社会保障制度に加入した場合、もう一方の国の制度加入は免除されます。

なお、スウェーデンとの社会保障協定は、日本側は年金制度、スウェーデン側は所得に基づく老齢年金・保証年金、遺族年金・遺児手当、疾病補償・活動補償が対象です。

スウェーデンでの就労状況		加入する社会保障制度
日本の事業所からの派遣	5年以内と見込まれる一時派遣	日本の社会保障制度
	上記派遣者の派遣期間が予見できない事情により5年を超える場合	原則として延長は認められず、スウェーデンの社会保障制度。ただし、個別の事情を考慮し、両国関係機関の協議により合意したときは、例外的に延長を認めることがありうる。
	5年を超えると見込まれる長期派遣	スウェーデンの社会保障制度
スウェーデンでの現地採用		スウェーデンの社会保障制度

●海上航行船舶の乗組員の取扱い

一方の締約国の旗を掲げる海上航行船舶で就労する被用者については、その雇用者が所在する国の法令のみが適用になります。

●国際線航空機乗務員の取り扱い

国際運輸に従事する航空において就労する被用者については、その雇用者の所在する国の法令のみが適用されます。

両国の年金加入期間の通算

両国の年金制度に加入した場合、それぞれの国の年金を受けるためには、その国の受給資格期間（日本は原則10年）を満たす必要があります。社会保障協定では、受給資格期間を満たすために、互いの国の年金加入期間を通算できるようになっています。

加入期間の通算は、原則として受給資格期間を満たすためのものであり、年金額には反映されません。

対象となるスウェーデンの年金制度及び受給資格期間は、右表のとおりです。スウェーデンの所得に基づく年金には受給資格年数がないため、スウェーデン法令に基づく保険期間がある場合には、日本の年金加入期間を通算しなくてもスウェーデンの年金を受けられます。

スウェーデンの加入期間を日本の加入期間に通算する場合、スウェーデンの1年の年金加入期間を日本の12ヵ月の年金加入期間として換算します。ただし、スウェーデンの年金加入期間と日本の年金加入期間の総数は1暦年について12ヵ月を超えないものとなります。

■スウェーデンの年金制度

給付の種類	受給資格期間
老齢給付	なし（所得に基づく年金） 受給開始62歳〜 ※2023年に63歳、2026年に64歳に引き上げ予定
障害給付	なし（所得に基づく年金）
遺族給付	なし（所得に基づく年金）

※表は概要です。受給開始年齢は2022年現在。
詳細及び直近情報については相手国機関に照会してください。

●スウェーデンの老齢年金の申請

スウェーデンの所得に基づく老齢年金は、法令で定められた受給開始年齢以降、受給を開始する時期を選択できます（受給開始希望時期をさかのぼって選択することはできず、申請は受給開始希望時期の6ヵ月前までとなります）。

●スウェーデンの年金の受取方法

日本に在住している人は、日本国内の銀行口座によりスウェーデンの年金を受け取ることができます。

退職後加入する年金制度

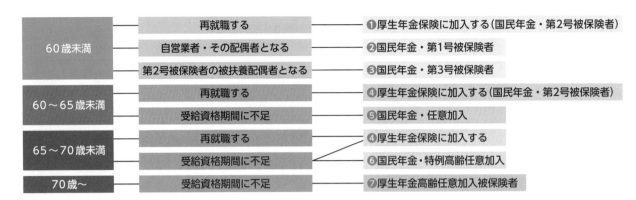

❶厚生年金保険加入（70歳未満）

❷国民年金の被保険者の種別変更

第1号被保険者に➡市区町村の国民年金担当窓口で届出の手続きをして保険料を納付します。

❸国民年金・第3号被保険者

会社員等（第2号被保険者）に扶養されている20歳以上60歳未満の配偶者は会社員等（第2号被保険者）が勤務する事業主等を経由して第3号被保険者関係の手続きをすることで国民年金に加入し、個別に保険料を納付しなくても加入期間分の老齢基礎年金、障害者になったときは障害基礎年金が受けられます。

❹60歳以上70歳未満の在職者（在職老齢年金の受給資格あり）

●70歳未満の年金受給者が再就職したときは、給与、賞与、年金額等によっては年金額が一部または全部が支給停止されます。

●70歳の誕生日の前日に厚生年金保険の被保険者の資格を喪失します。

❺❻国民年金の任意加入

●60歳までの公的年金の加入期間が短く老齢基礎年金の額が少ない人は、65歳まで任意加入できます。

●65歳以上70歳未満でも昭和40年4月1日以前生まれで老齢基礎年金の受給資格期間を満たしていない人は、資格期間を満たすまで特例として任意加入できます。

❼厚生年金保険の任意加入

●高齢任意加入被保険者

70歳になっても老齢給付の受給資格を満たせない人は、厚生年金適用事業所に使用されている期間中で、老齢基礎年金の受給資格期間を満たすまで厚生年金保険に加入することができます。適用事業所以外の事業所に使用される人は、年金事務所へ申し出ることにより、加入することができます。この人の20歳以上60歳未満の被扶養配偶者は、第3号被保険者となります。

■年金受給者の主な手続き

届出を必要とする事情	届書の名称	添付書類等	提出期限
年金の受取先を変更したとき	年金受給権者受取機関変更届	金融機関等の証明または通帳のコピー	10日以内（国民年金は14日以内）
年金を受けている人が死亡したとき	年金受給権者死亡届（報告書）	年金証書、死亡を証明する書類	10日以内（国民年金は14日以内）
死亡した人の未払いの年金・保険給付を受けようとするとき	未支給年金・保険給付請求書	年金証書、死亡した人と請求する人の続柄がわかる戸籍謄本、死亡した人と生活をともにしていたことを証明する書類など死亡した人がまだ年金請求書を提出していなかったときは、その年金請求書とその添付書類	すみやかに
年金証書をなくしたときなど	年金証書再交付申請書	汚したり、破れたときはその年金証書	すみやかに
二つ以上の年金が受けられるようになったとき	年金受給選択申出書	年金証書（戸籍抄本または市区町村長の証明書）	すみやかに

※住基ネットを活用し、平成23年7月以降、年金受給者の「住所変更届」の手続きが原則不要となりました。平成30年3月5日以降、マイナンバー収録されている年金受給者の「氏名変更届」の手続きが原則不要となりました。ただし、外国に居住されている等、住民票コード・マイナンバーが確認できない方については、引き続き年金事務所への届出が必要となります。平成25年7月8日より、外国人住民の方についても住基ネットの運用が開始されています。

●退職後の住所変更について

マイナンバーと基礎年金番号が紐づけされていない60歳以上の方が、退職後に氏名や住所を変更された場合、最寄りの年金事務所に変更届を提出してください。提出しない場合、年金に関するお知らせが送付されなくなる場合があります。